Indicadores económicos en el comercio internacional

Manual para el análisis de coyuntura

Indicadores económicos en el comercio internacional

Manual para el análisis de coyuntura

Òscar Mascarilla Miró

Colección: GESTIONA
Director: David Soler

INDICADORES ECONÓMICOS EN EL COMERCIO INTERNACIONAL.
MANUAL PARA EL ANÁLISIS DE COYUNTURA
1.ª edición, 2021

© 2021, Òscar Mascarilla Miró
© de esta edición, incluido el diseño de la cubierta, ICG Marge, SL

Edita: Marge Books
València, 558 – 08026 Barcelona
Tel. 931 429 486 - marge@margebooks.com
www.margebooks.com

Edición: Núria Gibert
Compaginación: Mercedes Lara
Impresión: Prodigitalk, SL (Martorell, Barcelona)

ISBN edición impresa: 978-84-17903-69-5
ISBN edición digital: 978-84-17903-70-1
Depósito Legal: B 3615-2021

El papel empleado en este libro no ha sido blanqueado con cloro elemental (CI_2).

Índice

El autor

Òscar Mascarilla Miró, doctor en Economía, es profesor en la Facultad de Economía y Empresa de la Universidad de Barcelona (UB). Actualmente es director académico de la Agencia de Posgrado de la UB donde dirige el Máster en Logística y Comercio Internacional y el Máster en Internacionalización de Pymes. Ha sido presidente del Institut for Careers and Innovation in Logistics & Supply Chain (ICIL), miembro del Comité Organizador del Salón Internacional de la Logística (SIL) y del Congreso Mundial de Zonas Francas. Ha realizado actividades de consultoría para organismos internacionales y para diferentes administraciones públicas y empresas. Investigador de CAEPS (Centre d'Anàlisi Econòmica i de les Polítiques Socials) y de la Red de Referencia en I+D+i en Economía y Políticas Públicas de la Generalitat de Cataluña. Especialista en economía y comercio internacional, logística y finanzas internacionales, ponente en congresos nacionales e internacionales, ha publicado en revistas científicas de impacto internacional y es autor de libros y manuales docentes.

omascarilla@ub.edu
www.ub.edu/comercio-internacional/

Introducción
El análisis de la coyuntura económica

La combinación de factores y circunstancias que modelan una situación económica en un momento determinado se conoce como *coyuntura económica*. Esta puede referirse tanto a una empresa como a una comunidad, un país o zona geográfica, y es consecuencia de la simultaneidad e interacción de diversas variables económicas.

En la actividad de las organizaciones, con frecuencia es necesario tomar decisiones para las que es preciso conocer cómo será a corto plazo una determinada realidad económica. Para ello se utiliza una herramienta sumamente eficaz: el *informe de coyuntura económica*. El análisis del entorno económico permite la interpretación de esa realidad y facilita que la toma de decisiones sea lo más acertada posible.

El objetivo de este libro es revisar conceptos clásicos de la economía y el crecimiento económico, los sistemas económicos y tipos de mercado, qué ocurre hoy con el comercio internacional y las nuevas cadenas de valor mundiales, el proteccionismo o la globalización. Se plantea, además, la necesidad de tener conocimientos macroeconómicos del funcionamiento de una economía y de políticas económicas válidas para un desarrollo humano sostenible y compatible con esa economía global.

El crecimiento económico depende del progreso tecnológico y del capital físico, pero también del capital humano, porque este y la tecnología tienden a ser complementarios. Hay que lograr que la ciudadanía *aprenda a aprender:* el proceso de formación en un mundo cambiante nunca se acaba y las personas deben estar preparadas para ello.

Estructurado en seis capítulos, este libro aporta al final de cada uno de ellos algunos casos con ejemplos actuales que permiten analizar la realidad económica mundial y otros elementos para la reflexión.

Todo ello son instrumentos teóricos y prácticos para aprender a analizar el entorno y llegar a realizar un informe de coyuntura económica. Veamos cómo hacerlo mediante un caso práctico de una empresa que está valorando expandirse y abrir nuevos mercados.

Cómo redactar un informe de coyuntura económica

Descripción del caso

Supongamos que el director del Departamento de Internacional de tu empresa te pide que elabores un **trabajo de coyuntura** de un país que pueda ser de interés para abrir nuevos mercados.

Como *export manager* de la empresa en Barcelona, por ejemplo, eres el responsable de seguimiento y captación de nuevos clientes en mercados exteriores. Por tanto, debes realizar un análisis del entorno económico regional y financiero que te permita contextualizar la toma de decisiones y así poder adaptar la compañía a los requerimientos futuros en tales mercados.

Las tomas de decisiones responden, en gran número de ocasiones, a la trayectoria de indicadores como el producto interior bruto (PIB), la tasa de paro, el endeudamiento de las familias, entre otros factores. Los datos de la economía real y financiera son importantes, pero los hechos económicos se deben juzgar en el contexto de tendencias o de la tasa de expansión económica a largo plazo de la economía y en el contexto sociopolítico del país.

El objetivo general de este capítulo introductorio es presentar, de forma razonablemente sencilla y clara, algunos de los indicadores básicos para la comprensión de un mercado europeo. Obviamente no puede haber ninguna pretensión de exhaustividad, pero en conjunto el seguimiento, análisis y debate de los indicadores propuestos probablemente suministren un primer punto de partida para entender las dimensiones económicas de un país.

Así, los objetivos de este análisis de caso son:

- Aprender a realizar un informe de coyuntura.
- Saber interpretar los temas económicos europeos.
- Entender los indicadores económicos básicos.
- Argumentar, justificar y considerar las ventajas comparativas de un país respecto a otros.

Por dónde empezar

El informe es abierto, de modo que se pueden utilizar los indicadores que se deseen o aquellos de los que se tengan datos disponibles. Es decir, no hay ninguna orientación definida y se pueden consultar diversas fuentes de información, como pueden ser los institutos nacionales de estadística de los diferentes países.

Por ejemplo, si se opta por analizar un país europeo, se puede acudir a la Oficina Europea de Estadística, más conocida como Eurostat, cuyo sitio https://ec.europa.eu/eurostat publica datos sobre la Unión Europea y promueve la armonización de los métodos estadísticos de los estados miembros. Cada país o bloque regional tiene su instituto de estadísticas.

Asimismo, pueden ser útiles como fuentes de datos otras bases disponibles en internet, como por ejemplo informes que elaboran servicios de estudios de diferentes entidades bancarias, como el *Informe Mensual,* de Caixabank (véase https://www.caixabankresearch.com/es).

Paso a paso

A modo de pauta u orientación se indican, a efectos sistemáticos y pedagógicos, posibles indicadores que se pueden tener en cuenta y que se distribuyen en familias o bloques, pero no es necesario utilizarlos todos. (Véase la figura 1.)

Indicadores de economía real

Se pueden utilizar los **aspectos básicos de economía real** como el nivel de actividad, con la evolución del PIB –reciente y en comparaciones históricas– y del PIB per cápita del país escogido. Los indicadores de la economía real miden los fenómenos que están directa o indirectamente vinculados con el sistema productivo de los países. El PIB es un indicador clave de la economía real, ya que mide tanto la estructura productiva como el gasto realizado por una economía.

Por otra parte, cabe destacar que la actividad económica tiene su origen en el mercado de trabajo. La población es el origen y el destino de la actividad económica, en tanto que productora y consumidora. La medición de la población como *input* viene determinada por la estructura y la dinámica de la población activa. La estructura es la que define el mercado de la fuerza de trabajo, cuyo indicador principal es la población activa, mientras que la dinámica viene explicada básicamente por los movimientos de la población (migraciones y crecimiento demográfico). La población que no se encuentra en el mercado de trabajo se denomina *población inactiva.* Las variables y los indicadores de este ámbito dan información sobre las actividades económicas que realiza la población de cada país. Estas variables también pueden referirse a los volúmenes de activos (en los distintos sectores, de diferentes edades y género, etc.) o a la estructura (composiciones porcentuales de la población activa por sectores, edad y género, tipos de ocupación o categorías de empleo). La población como *output* es el origen de la demanda de bienes y servicios. Por lo que las variables relevantes que la definen son la estructura poblacional: la composición por edades, sexo, el nivel de escolarización y educación, y finalmente las características propias del mercado de trabajo (salario promedio de la clase media, características contractuales de trabajo, de actividad de económica, de jornada laboral, etc.). Una vez descrita la actividad de la población es importante observar el nivel de desempleados que la componen. Finalmente, se pueden **comentar las dimensiones sociopolíticas y como está repartida la riqueza (índices de Gini).** Dimensiones no estrictamente solo económicas sino con explícitas implicaciones sociopolíticas, desde el desempleo a la distribución de la renta.

El conjunto de elementos analizados permitirán considerar las ventajas comparativas del país respecto a otros, su contextualización política, etc.

Indicadores de comercio exterior

Se pueden **analizar indicadores de comercio exterior, como la balanza de pagos** del país. Con esta se podrán comentar los aspectos comerciales, en balanza de mercancías y servicios, y así poder entender las ventajas comparativas del país, cómo se distribuye la actividad productiva, y el papel del país en el panorama del «mapa global de la producción» y sus implicaciones en términos de competitividad. No debe olvidarse tener en cuenta el grado de apertura comercial, los socios comerciales y acuerdos comerciales existentes con terceros países, etc.

Indicadores monetarios y financieros

Los **indicadores de economía financiera** son aquellos que miden la actividad del entorno financiero. Los indicadores más importantes serían los tipos de interés y las tasas de inflación. Es importante seguir la evolución de estas variables, porque

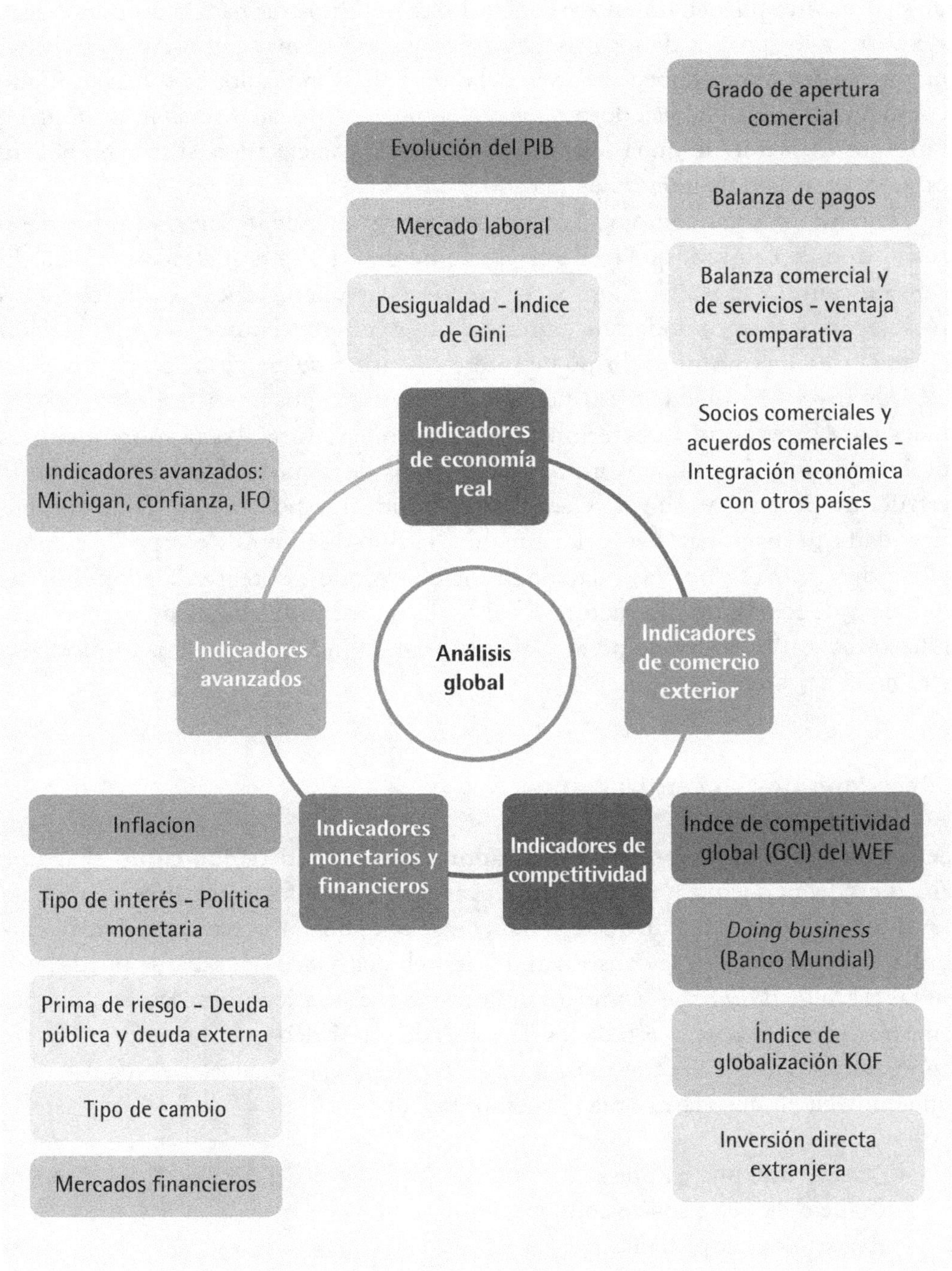

Figura 1. Informe de coyuntura económica.

de su dinámica pueden obtenerse conclusiones significativas para la economía real. Respecto a los precios de los productos financieros, el más importante es el tipo de interés que mide el precio relativo del dinero. Este indicador es el más utilizado como medida del coste de oportunidad en las operaciones de inversión. Es decir, en términos empresariales, una operación de inversión se efectuará si su rentabilidad es superior al tipo de interés de mercado.

Hay que destacar como otro indicador importante de los mercados financieros el tipo de cambio, que mide el precio de una divisa con relación a otra. El tipo de cambio se utiliza para hacer efectivas las operaciones exteriores de los países. Sin embargo, podemos, también, observar este fenómeno en la relación entre el tipo de cambio y el tipo de interés. A título de ejemplo, un país con un elevado nivel de endeudamiento recurrirá a los mercados financieros internacionales para captar ahorro exterior. Este hecho repercutirá al alza sobre los tipos de interés, lo que también impulsará los tipos de cambio. De esta manera, la estructura productiva se verá claramente perjudicada por la pérdida de competitividad internacional. Esta relación entre el tipo de interés y el tipo de cambio viene determinada por las relaciones entre la economía real y la economía financiera de los diferentes sectores económicos. Los indicadores de precios más relevantes son el índice de precios al consumo, el índice de precios industriales y el nivel de salarios.

Indicadores de competitividad

Se pueden **analizar y comentar indicadores de competitividad como el *Doing Business*** del país y qué políticas económicas siguen los diferentes países. Se trata de los informes anuales que investigan las regulaciones que favorecen la actividad empresarial y aquellas que la constriñen. En la web del Banco Mundial se puede consultar el *Doing Business,* así como los indicadores cuantitativos sobre las regulaciones empresariales y la protección de los derechos de propiedad que son susceptibles de comparación entre 183 economías a través del tiempo. Se analizan las regulaciones que influyen en once fases de la vida empresarial:

- Apertura de una empresa.
- Manejo de permisos de construcción.
- Registro de propiedades.
- Obtención de crédito.
- Protección de inversores.

- Pago de impuestos.
- Comercio transfronterizo.
- Cumplimiento de contratos.
- Cierre de una empresa.
- Obtención de electricidad.
- Empleo de trabajadores.

Otros indicadores que pueden tomarse en consideración son el índice de competitividad global (GCI) del Foro Económico Mundial; el índice de globalización del Instituto Económico Suizo KOF, y la inversión directa extranjera. (Véase estas y otras fuentes estadísticas al final del libro.)

Idicadores avanzados o adelantados

Analizar y comentar los indicadores avanzados o adelantados de la economía para intentar pronosticar la evolución de la actividad económica futura, por ejemplo, durante un período comprendido entre los tres y los seis próximos meses. Su diseño responde a la necesidad de anticipar la situación en cada ciclo económico porque mezcla indicadores de actividad (demandas semanales de desempleo, nuevas órdenes manufactureras, permisos de nuevas viviendas, consumo de cemento...). En este ámbito, cabe destacar:

- El índice de expectativas y confianza de las personas consumidoras: refleja mediante una encuesta cómo estas se sienten frente a los próximos meses (uno de los más seguidos es el que elabora la Universidad de Michigan en Estados Unidos).
- El índice de compras de responsables de gerencia (por ejemplo, en Estados Unidos, el mercado de Chicago refleja el sentimiento de las empresas frente a los próximos meses).

El esquema del informe es flexible y abierto, pudiendo destacar un tema del país o una de las ventajas comparativas del mismo, con una estructura de este tipo, según lo comentado anteriormente:

1. Nivel de actividad: ventajas comparativas del país.
2. Balanza de pagos: comercio exterior del país.
3. Indicadores de economía financiera.

4. Dinámicas de los precios de bienes y servicios.
5. Competitividad. *Doing Business.*
6. Indicadores adelantados de la economía, etc.

Hay que tener en cuenta que un informe será válido, siempre y cuando se justifique con datos del país que se está analizando para abrir mercado. Además, conviene incluir la justificación y consideración de las ventajas comparativas del país respecto a otros y su contextualización sociopolítica.

La claridad en la organización y estructuración del informe puede ser la clave del éxito.

En los siguientes capítulos se ofrece una visión holística de todos los factores que puede ser necesario considerar respecto a la actividad económica de una comunidad, porque todos ellos pueden ser elementos significativos en el análisis del funcionamiento de la economía de un determinado país y, por supuesto, para la elaboración de un informe de coyuntura económica. Sugerimos utilizar todas las herramientas que se aportan: análisis de casos, cuestionarios y recursos web, entre otros, en la seguridad de que contribuirán a obtener y afianzar una visión integral del comercio internacional en la economía global.

Capítulo 1
Economía y riqueza de las naciones

En este capítulo se abordan los conceptos básicos de la organización económica: las reglas acerca de cómo utilizar los recursos o factores de producción para conseguir los bienes y servicios que se necesitan o desean. Veremos asimismo cuáles son los principales agentes de las economías modernas. Introduciremos la frontera de posibilidades de producción que permitirá ver cómo las sociedades afrontan la necesidad de elegir entre las utilizaciones que pueden dar a sus escasos recursos —apareciendo la noción de «costo de oportunidad»—, cómo es necesaria la renuncia a algunos bienes para conseguir otros, cómo la eficiente plena utilización de los recursos separa lo que es factible y lo que no, y cómo mediante la innovación y el crecimiento puede incrementarse el producto interior bruto (PIB) y acceder a mejores situaciones de riqueza y bienestar.

1 La economía

La palabra economía proviene del griego clásico *oikonomia,* de *oiko,* «casa», y *nomos,* «administración», lengua en la que significa «administración de la casa», en el sentido amplio de patrimonio doméstico. Los principios básicos de la buena administración resultan ser, como veremos, aplicables a cualquier forma de organización social.

En este sentido, la economía enseña a administrar los recursos que se poseen para conseguir aquello que se necesita. Pero, por desgracia, los recursos son siempre escasos y las necesidades ilimitadas, y se debe, forzosamente, elegir. Por ejemplo, el dinero disponible para pasar un fin de semana es limitado y puede obligar a elegir entre ir al cine o a la discoteca. De manera similar, las limitaciones del presupuesto familiar obligan a elegir entre cambiar de automóvil o renovar la cocina. En la misma línea, un país tiene que decidir si aumenta las pensiones a las personas jubiladas o construye más autopistas.

Podría decirse que la economía es la ciencia de la elección, ya que siempre se tiene que elegir entre diferentes bienes o formas de producir en un mundo de recursos limitados (como el dinero, el petróleo, el tiempo disponible, etc.).

La economía se divide tradicionalmente en dos grandes ramas:

- **La microeconomía** estudia la conducta económica de los agentes económicos individuales (personas y empresas) y de mercados concretos. Centra su atención en los precios y en la cantidad de bienes y servicios producidos en cada uno de estos mercados.
- **La macroeconomía** considera el comportamiento de la economía en su globalidad. Así, por ejemplo, no se interesa tanto por el precio de un determinado bien en un mercado como por el nivel general promedio de precios que determina la inflación. O no se preocupa tanto de que en un mercado se venda mucho o poco como de que la actividad económica del país, medida, por ejemplo, a través del PIB, mejore o empeore.

2 Los factores de producción

Los deseos y las necesidades de las personas se satisfacen a través del consumo de bienes y servicios. En ese proceso se deben considerar los siguientes factores de producción:

- **Trabajo.** Es la capacidad que tienen las personas de generar riqueza con su esfuerzo.
- **Capital.** Puede ser físico, si se refiere a máquinas, herramientas, instalaciones, etc.; es decir, a bienes que sirven para producir otros bienes. Puede ser financiero, si es dinero o un activo financiero, como un paquete de acciones, y como sociedad es al que normalmente nos referiremos. Finalmente, existe el capital humano, que se refiere a la capacidad productiva basada en los conocimientos que poseen las personas y que se acumula mediante la formación.
- **Recursos naturales.** En el lenguaje económico, se denominan también materias primas o, a veces, tierra. Son bienes de la naturaleza, como el petróleo, los minerales o la tierra fértil.
- **Capacidad empresarial.** Es la facultad para organizar los factores de producción de modo que permitan la producción de bienes y servicios.

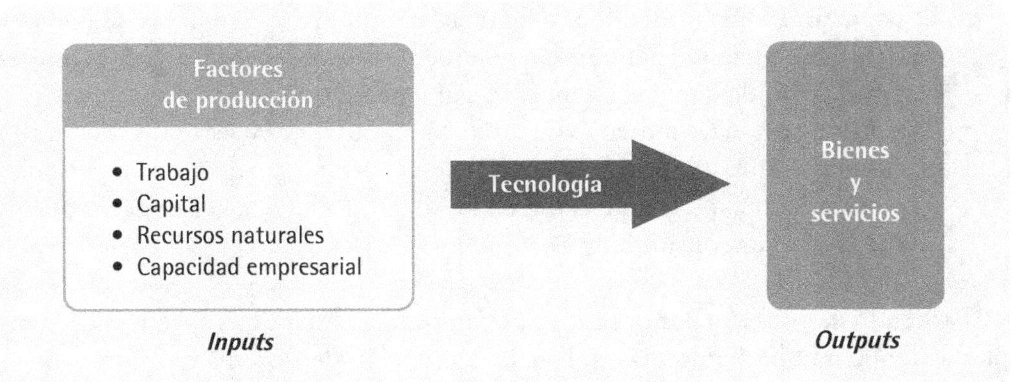

Figura 1.1. Factores de producción con los que se producen bienes
y servicios para satisfacer las necesidades de la sociedad.

A menudo, se utiliza el término *input* para denominar a los recursos que servirán para producir bienes y servicios u *outputs* (véase la figura 1.1).

3   Los agentes económicos

En las economías actuales intervienen agentes cuyas interrelaciones constituyen el entramado del sistema económico. Las interrelaciones básicas se muestran en la figura 1.2.

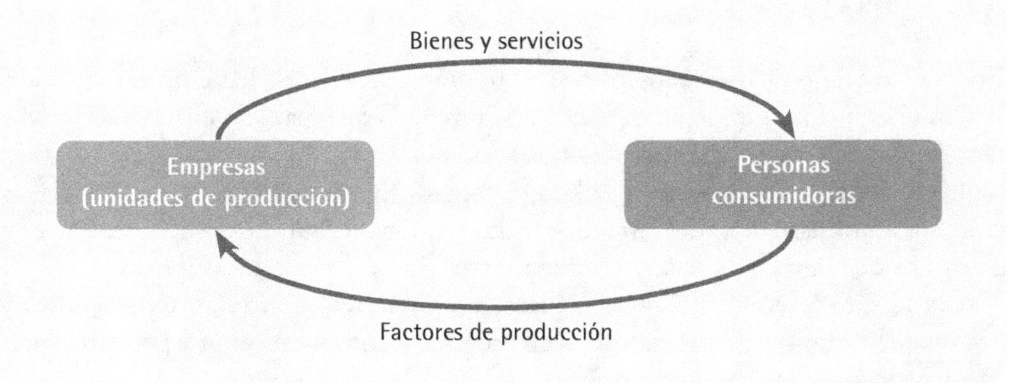

Figura 1.2. Interrelaciones básicas de una economía con dos agentes económicos:
las personas consumidoras y las empresas.

- **Los consumidores** (individuos o familias) compran a las empresas los bienes y servicios que precisan, al tiempo que ponen a disposición de estas los factores de producción de que disponen, especialmente el trabajo.
- **Las empresas** son las unidades de producción de bienes y servicios, y para ello utilizan trabajo, capital y recursos naturales: contratan y organizan al personal, y compran edificios, equipo y materiales para producir los bienes y servicios que venden a los consumidores.

Partiendo de estas relaciones básicas, podemos introducir dosis sucesivas de complejidad, que irán haciendo más realista la descripción del sistema económico.

3.1   Las instituciones financieras

A cambio de los bienes y servicios que las empresas venden, estas reciben pagos en dinero. Análogamente, a cambio de los factores productivos que las economías domésticas ponen a disposición de las empresas, aquellas reciben pagos en forma de salarios, rentas, etc.

La utilización del dinero ha facilitado la aparición de instituciones financieras, las más conocidas de las cuales son los bancos y las cajas de ahorro. Estas instituciones captan los recursos que no se destinan al consumo y que constituyen lo que se denomina *ahorro*.

Dicho ahorro se canaliza hacia proyectos de inversión, que permiten aumentar la capacidad productiva de una sociedad.

3.2   El sector público

En las economías de mercado, los consumidores particulares y las empresas privadas tienen un papel preponderante, pero ya hemos visto que, para determinadas funciones, intervienen también entidades públicas.

Estas configuran el sector público, integrado por instituciones muy diversas, como la administración del Estado, central, regional o autonómica y local, los organismos de seguridad social y también, en ocasiones, empresas públicas.

Las administraciones públicas consumen e invierten (contratan personal, compran papel y computadoras, construyen escuelas y autopistas, etc.) y por eso actúan como agentes económicos importantes.

En las economías de mercado, el sector público ejerce funciones exclusivas en algunos casos y subsidiarias en otros. Por ejemplo, ofrece:

- Bienes y servicios que no produciría, o no lo haría adecuadamente, el sector privado: por ejemplo, seguridad y justicia.
- Otros bienes y servicios política y socialmente relevantes: por ejemplo, sanidad, educación, pensiones, cobertura del desempleo, etc.

Para costear esas actividades, las administraciones recaudan impuestos.

3.3 El sector exterior

En las economías de los países, una parte importante de las transacciones económicas atañen a compradores y vendedores de lugares distantes.

Numerosos artículos que consumimos habitualmente han sido fabricados fuera de nuestras fronteras y llegan a nuestro país como importaciones (por ejemplo, muchos artículos de electrónica de consumo), mientras que las empresas locales intentan vender en los mercados exteriores, mediante exportaciones, una parte de su producción.

La figura 1.3 representa el flujo circular que genera la interrelación de los tres sectores descritos: financiero, público y exterior.

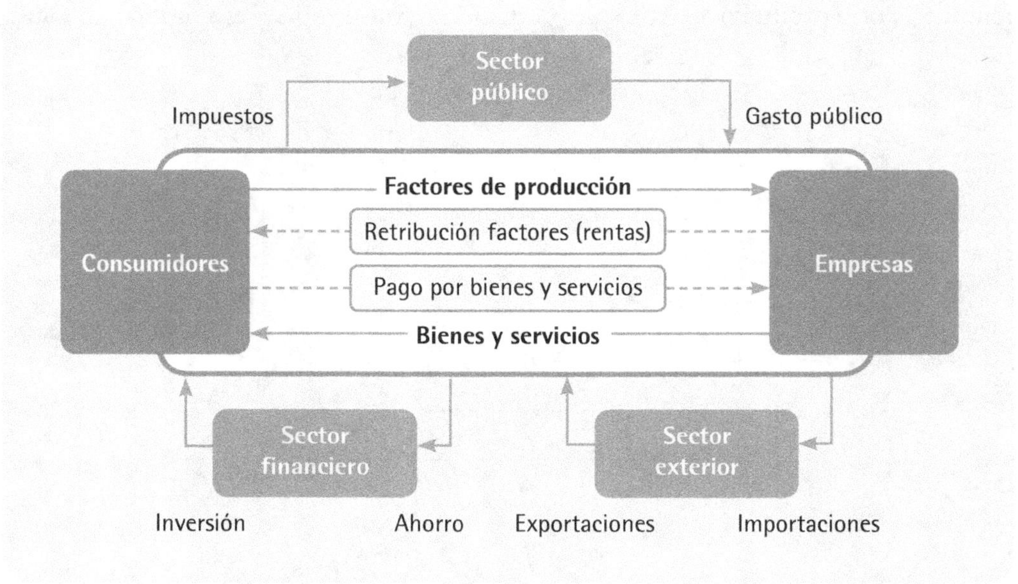

Figura 1.3. Flujo circular de la renta: interrelaciones introduciendo los sectores exterior, financiero y público.

4 Conceptos básicos: escasez y elección, eficiencia y crecimiento

4.1 *Frontera de posibilidades de producción y costo de oportunidad*

Supongamos que existe una economía que dispone de cuatro unidades de recursos (cuatro parcelas de tierra, por ejemplo). Cada uno de estos recursos se puede destinar a la producción de trigo, en cuyo caso producirá 100 kg de trigo. Alternativamente, pueden emplearse en producir maíz, con un rendimiento de 30 kg por unidad de recurso.

La figura 1.4 representa la frontera de posibilidades de producción (FPP) de una economía con cuatro unidades de recursos, que se destinan a producir trigo o maíz.

Así, una posibilidad, representada por el punto A, sería destinar íntegramente las cuatro unidades de recursos a producir trigo y ninguna a producir maíz. En ese caso, la producción de trigo sería de 400 kg y, obviamente, la de maíz sería cero.

El punto B mostraría qué producciones se obtendrían si se asignasen tres unidades de recursos a producir trigo y una a producir maíz. Y así sucesivamente con los puntos C, D y E.

Estos puntos configuran la denominada *curva o frontera de posibilidades de producción* (FPP) de esta economía.

En economía, la decisión de producir o consumir un producto implica siempre la renuncia a otro producto, que deja de producirse o consumirse, y eso supone un costo.

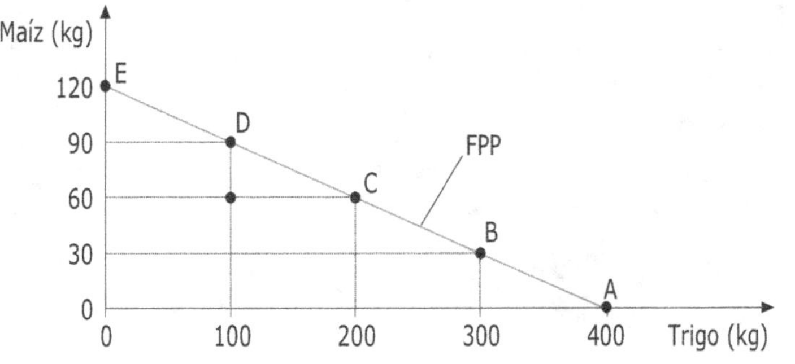

Figura 1.4. La curva FPP (o frontera de posibilidades de producción) señala el costo de oportunidad.

Como los recursos son limitados, se deben seleccionar las prioridades y hacer una elección. Al efectuarla, se está renunciando a otra: esto es el *costo de oportunidad.*

La pendiente negativa de la FPP refleja este costo de oportunidad. Así, en la figura 1.4, el paso de D a C se puede considerar que el costo de oportunidad de aumentar la producción de trigo de ese país de 100 a 200 kg implica renunciar a 30 kg de maíz (la diferencia entre los 90 kg que se obtendrían en D y los 60 kg que se obtienen en C).

4.2   Análisis de la frontera de posibilidades de producción

La FPP examina, por un lado, el fenómeno de la escasez: los recursos son limitados y es preciso elegir a qué usos productivos se asignan, de modo que, siguiendo el mismo ejemplo, más recursos destinados a la producción de trigo necesariamente implican menos producción de maíz, y viceversa. La FPP considera asimismo el concepto de eficiencia, con objeto de lograr la producción máxima posible, dados los recursos y la tecnología. Los puntos situados sobre la FPP (como A, B, C, D y E) resultan de utilizar todos los factores existentes con la máxima eficacia posible.

Por el contrario, como muestra la figura 1.5, producciones de bienes como la representada por el punto H (que supone producir 100 kg de trigo y 60 kg de maíz)

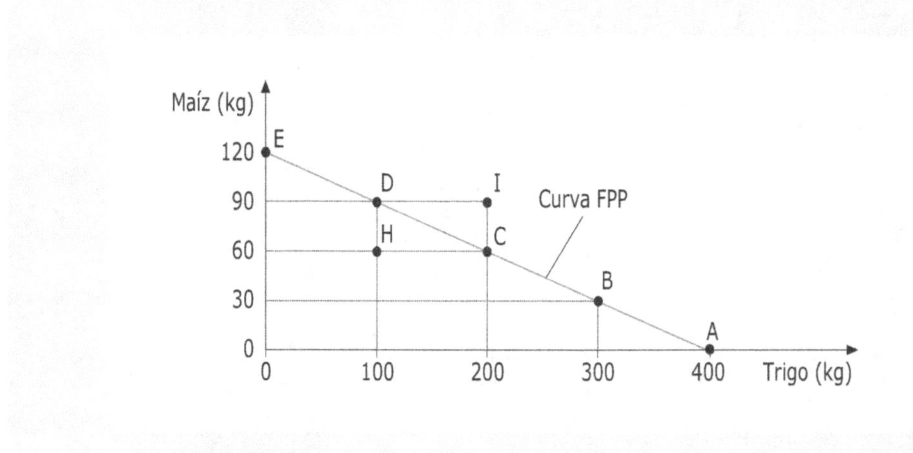

Figura 1.5. La curva FPP señala la ineficiencia (punto H) y la eficiencia (A, B, C, D y E) productiva de la economía. Asimismo, los puntos inalcanzables (punto I) con los recursos y la tecnología disponibles.

son ineficientes, porque no se están utilizando todos los recursos de la economía o se emplean de modo inadecuado. En el caso opuesto, producciones de bienes como la representada por el punto I (200 kg de trigo y 90 de maíz), es decir, los puntos situados por encima de la FPP, son inalcanzables con los recursos y la tecnología existentes.

4.3   Vías del crecimiento económico

Con el paso del tiempo, la FPP puede desplazarse como consecuencia, entre otras causas, del crecimiento económico asociado al incremento de recursos y al progreso tecnológico.

- **Incremento de recursos**

  Estos se incrementan con el descubrimiento de nuevas riquezas naturales, el aumento del empleo o el crecimiento del potencial productivo (equipamiento y maquinaria).

  Ahora, la alternativa de dedicar todos los recursos a producir trigo permite una producción de 500 kg (punto A'), y la opción opuesta de dedicar todos los recursos al maíz permite obtener 150 kg de maíz (punto E') (véase la figura 1.6).

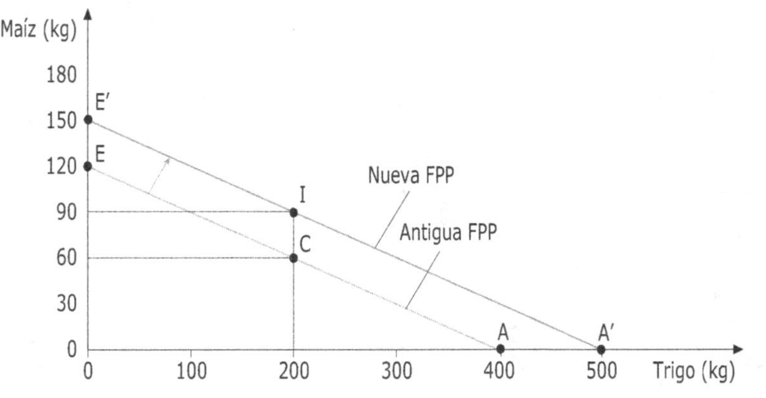

Figura 1.6. Desplazamiento de la curva FPP debido al aumento de los recursos productivos de una economía.

- **Progreso tecnológico**

  Se logra introduciendo en el sistema económico innovaciones que supongan un incremento de la eficiencia (mejora del capital físico o de la tecnología) o bien formando y cualificando a los trabajadores (mejora del capital humano).

  En ambos casos, la combinación representada por el punto I, que antes era inalcanzable, ahora es asequible para esa sociedad. En ese sentido, aumentan las posibilidades de mejorar el nivel de vida de la población.

5 El crecimiento económico

Las sociedades occidentales han alcanzado un nivel de crecimiento económico cuyas causas se explican mediante distintas teorías.

Sin embargo, el análisis de las razones del atraso y progreso de países en desarrollo o emergentes es más complejo. Aunque en algunos de ellos la mejora ha sido notable en las últimas décadas (China y otros países asiáticos del este), subsisten áreas con grandes dificultades, como África, con niveles de pobreza importantes.

Ciertamente las diferencias entre niveles de vida y bienestar son tan enormes que empequeñecen muchos otros problemas económicos y sociales. Por eso, en este apartado se examinan las diversas explicaciones relevantes que proporciona la economía para los procesos de crecimiento y desarrollo. Este último concepto implica cambios cualitativos y no solo cuantitativos. Veremos que en las explicaciones conviven las argumentaciones económicas con aspectos sociopolíticos, institucionales, culturales, etc., y cómo se han elaborado conceptos, como desarrollo sostenible y desarrollo humano, que tratan de captar las múltiples facetas de estos complejos fenómenos. Desde la Declaración del Milenio de Naciones Unidas (2000), se han asumido oficialmente algunos objetivos cuantificados a medio plazo en términos de reducción de la pobreza, mejora de la salud y la educación, y otros requisitos del progreso de las personas y las sociedades.

El crecimiento económico ha suscitado un gran interés en los economistas a lo largo de la historia. Adam Smith escribía, en 1776, *La riqueza de las naciones,* en la que se planteaban las posibles causas de las diferencias en la riqueza de los Estados y en el proceso del crecimiento económico.

Se trata de un proceso acumulativo que implica un cambio cuantitativo del PIB y que permite incrementar el consumo de bienes y servicios, y aumentar la calidad de vida de la población.

Se produce crecimiento económico cuando el PIB aumenta. Conlleva, normalmente, un aumento de las rentas de las empresas y de la ciudadanía en general. Este incremento se refleja en el PIB por habitante, que es simplemente el PIB dividido por la población total del país.

5.1 Factores que favorecen el crecimiento económico

El crecimiento económico continuo es un fenómeno bastante reciente en la historia de la humanidad. Ni siquiera durante la Revolución Industrial, las tasas de crecimiento de la renta fueron tan elevadas como en la actualidad. Por otro lado, en las últimas cinco décadas, se ha observado un apreciable grado de convergencia entre las economías más industrializadas, de modo que se han reducido sensiblemente las diferencias entre ellas. Sin embargo, esta convergencia en los niveles de producción per cápita no es un fenómeno mundial.

Algunas economías asiáticas están acercándose progresivamente al grupo de los países ricos, pero la mayoría de los países africanos mantiene niveles muy bajos de renta por habitante, y su distancia respecto a las principales economías mundiales se ha agrandado significativamente en los últimos veinte años.

Los estudios económicos sobre desarrollo han tratado de explicar cuáles son las principales causas que determinan el mayor o menor grado de desarrollo de una economía. Hay diferentes teorías que analizan los factores que explican el crecimiento económico:

- Abundancia de recursos naturales y de factores productivos.
- Acumulación de capital.
- Progreso tecnológico e innovación.
- Capital humano.
- Apertura al exterior y al libre comercio.
- Estabilidad macroeconómica y política.

- **Abundancia de recursos naturales y de factores productivos**
  Para los economistas clásicos, los recursos naturales, especialmente la tierra, eran decisivos para explicar el crecimiento económico. Los países más ricos eran los que disponían de mayor cantidad de factores productivos. Es indudable que la riqueza en recursos naturales favorece el crecimiento económico, pero el transcurso del tiempo ha evidenciado que no es un factor decisivo a largo plazo. Veamos algunos ejemplos:

– Japón es un país que, aun siendo pobre en recursos naturales, disfruta de un elevado desarrollo económico.
– En este caso, la mano de obra es muy importante, ya que permite manipular materias primas y manufacturarlas. Algo parecido ocurre en China y en todo Extremo Oriente, sobre todo en Tailandia y Corea.
– Argentina, Brasil o la República Democrática del Congo son grandes productores de alimentos, con enormes recursos naturales, que han sufrido un retroceso en las últimas décadas en el nivel de bienestar económico.
– México, Venezuela o Arabia Saudí, con abundantes riquezas naturales, como el petróleo, sufren un reparto muy desigual de la riqueza.

- **Acumulación de capital**
  Robert Solow (premio Nobel de Economía en 1987) consideró que la acumulación de capital es clave para el despegue económico. Uno de los factores determinantes del subdesarrollo económico sería, por tanto, la escasez de capital financiero y de ahorro interno y externo, que no permitiría una inversión suficientemente elevada. Se abría paso, por tanto, a la justificación de transferencias masivas de dinero, capital físico y de asistencia técnica desde los países desarrollados hacia las economías menos favorecidas.

- **Progreso tecnológico e innovación**
  En las nuevas teorías sobre el crecimiento económico, el progreso tecnológico y la innovación se consideran factores decisivos. Para lograr el crecimiento económico, es importante la mejora en la eficiencia con que se utilizan los recursos productivos. Más aún, la productividad del trabajo depende de que aumente la inversión por persona empleada o bien de que mejore la tecnología utilizada (progreso tecnológico).

La inversión se convertirá en el motor del crecimiento cuando, a través de ella, se introduzcan innovaciones que permitan ganancias de productividad y mejoras en las tecnologías utilizadas con el impulso de la investigación, el desarrollo y la innovación (I+D+I).

La nueva economía estaría caracterizada por un núcleo integrado por la industria de la información y una periferia, formada por el resto de ramas de actividad, que van incorporando progresivamente el uso de estas nuevas tecnologías.

A grandes rasgos, los efectos principales de la nueva economía podrían resumirse en estos aspectos:

- Genera mayor información y más competencia entre ofertantes.
- Facilita las inversiones en conocimiento, en la medida que los beneficios de las innovaciones sean más accesibles.
- Mejora la eficiencia de las prácticas empresariales, favorece la productividad y, en consecuencia, impulsa el crecimiento económico.
- Mejora los rendimientos a escala por las externalidades positivas de la red. De esta manera, el valor de las comunicaciones en red y las aplicaciones de internet aumentan a medida que crece el número de personas conectadas. Esta situación contiene considerables efectos sinérgicos y contribuye al incremento de la productividad.

5.2 Capital humano

Los avances espectaculares en las tecnologías de la información facilitan un mayor y más rápido acceso a muchas de las innovaciones que se producen. Sin embargo, un mejor acceso a la información no equivale a un acceso a nuevos conocimientos. En la nueva economía es importante que estos impregnen a la población y, por tanto, la inversión en nuevas tecnologías debe ser inseparable del esfuerzo inversor en formación. Así, las teorías actuales destacan el papel del capital humano (inversión en formación) en el proceso de crecimiento económico. Muchos economistas piensan que la calidad del trabajo es la barrera más importante que hay que superar para lograr el desarrollo económico.

Casi todos los ingredientes de la producción, bienes de capital, materias primas y tecnología, pueden adquirirse en el exterior. Sin embargo, la capacidad de absorción para aplicar las técnicas de elevada productividad requiere equipos directivos, personal especializado y conocimientos técnicos que solo una población cualificada posee y que no pueden ser importados.

La formación del capital humano es indispensable para el crecimiento. Los conocimientos que requieren los procesos de fabricación no pueden ser importados. De ahí, la necesidad de invertir en formación especializada y flexible.

Además, el capital humano es determinante para el éxito en las actividades de innovación. Y este capital puede acumularse a través de la inversión en educación y en formación especializada.

El crecimiento económico depende del progreso tecnológico y del capital físico, pero también del capital humano. Este factor es muy importante, porque la tecnología y el capital humano tienden a ser complementarios. En este sentido, se debe prestar atención para lograr que *se aprenda a aprender:* el proceso de formación en un mundo cambiante nunca se acaba y las personas deben estar preparadas para ello.

No perder el tren de las tecnologías no significa necesariamente inventarlas, sino asegurarse de que se tiene la capacidad de usarlas y beneficiarse de ellas.

De la misma manera, el hecho de que los teléfonos inteligentes, internet o las computadoras personales no se desarrollaran en un determinado país no impide que gran parte de su población utilice diariamente estos recursos, y que las empresas no puedan experimentar mejoras de productividad gracias a ellos. Y para usarlos eficazmente se necesitan tres cosas: infraestructuras adecuadas, un entorno empresarial y fiscal que incentive a las empresas a invertir y personal cualificado.

5.3   Apertura al exterior, libre mercado y comercio

A partir de 1980, se va imponiendo una reformulación de carácter neoclásico en el pensamiento económico. Desde este punto de vista, se destaca el papel del libre mercado, de la apertura al exterior, de las políticas de oferta. Para que el comercio sea un mecanismo eficaz, los mercados deben estar abiertos al exterior (sin aranceles u otro tipo de obstáculos comerciales).

Las perspectivas de ampliar las ventas, y por tanto las producciones, son mayores en un mercado de mayor dimensión, lo que produce un efecto favorable en la competitividad y ofrece grandes oportunidades a la innovación. A su vez, las perspectivas de acceder a un mercado de mayor dimensión permiten rentabilizar más fácilmente los nuevos productos al aprovechar economías de escala.

La dotación de capital humano, la apertura al exterior y el libre comercio son poderosos incentivos que favorecen el crecimiento económico.

El argumento principal de estas aportaciones es que la falta de desarrollo es una consecuencia de la excesiva intervención del Estado en la actividad económica, de las políticas de precios fijados por el Estado, de la corrupción, de las ineficiencias, de la falta de incentivos económicos y del proteccionismo. La teoría neoliberal argumenta que lo contrario de competencia a corto plazo es protección; pero, a largo plazo, lo contrario de competencia en la industria es incompetencia.

Por tanto, según el pensamiento neoliberal, no sería necesaria una reforma del sistema económico internacional, ni una mayor planificación, ni un aumento de la ayuda exterior, sino una mayor liberalización de los mercados, la expansión de las exportaciones, la atracción de inversiones desde el exterior, la eliminación de las distorsiones en los precios de los mercados de factores y productos, y la limitación de la excesiva regulación existente.

De ese modo, se conseguiría un funcionamiento más eficiente de los mercados y con él una mayor tasa de crecimiento económico.

América Latina e India afrontaron su desarrollo, entre 1950 y 1970, desde una perspectiva proteccionista, aislacionista y casi autárquica, intentando establecer con escaso éxito las bases del crecimiento económico por su cuenta con un plan llamado Industrialización por sustitución de importaciones (ISI).

5.4 Funcionamiento de las instituciones, estabilidad macroeconómica y política

Una economía sana, con una baja inflación y escaso déficit público, con un buen clima empresarial, unas reglas del juego bien definidas y ausencia de corrupción e inestabilidad políticas (conflictos étnicos, revoluciones, guerras, etc.) son los ingredientes esenciales del crecimiento económico.

El clima propicio para las inversiones es uno de los factores más importantes para reducir la pobreza. En Rusia, por ejemplo, se observa que los inversionistas nacionales y extranjeros desisten ante la actuación de las mafias, la inestabilidad política y la perspectiva de que un nuevo régimen pueda exigir impuestos punitivos o expropiar bienes de capital.

Un país donde se produjera esa situación podría caer en otro círculo vicioso, como hemos visto históricamente en algunos países latinoamericanos: la inestabilidad política ahuyenta las nuevas inversiones, lo que impide que la situación económica de la población mejore, lo cual aumenta la inestabilidad política. Este círculo vicioso puede convertirse en un serio obstáculo para el desarrollo económico y la reducción de la pobreza.

El caso de China y el del este asiático es el ejemplo contrario: unas reglas del juego claras y un clima político propicio favorecen las inversiones y el crecimiento económico.

6 El desarrollo humano

Los indicadores de crecimiento económico, como el PIB, reflejan la cantidad de recursos con que cuenta una sociedad, pero no proporcionan ninguna información sobre:

- La distribución de esos recursos; es decir, no señalan si la distribución del ingreso entre los grupos sociales es más o menos equitativa y reduce las diferencias sociales.
- El porcentaje de los recursos que se utilizan para proveer servicios básicos, como la educación y la atención a la salud, los cuidados a las personas.

- Los efectos contaminantes de la producción y el consumo en el medio ambiente.

Por ello, no sorprende que existan profundas diferencias en la calidad de vida de las personas con ingresos medios similares, según sean el acceso a la educación, la atención a la salud y las oportunidades de empleo.

El crecimiento es un concepto cuantitativo, mientras que el desarrollo es un concepto cualitativo relacionado con la calidad de vida.

Es cierto que al aumentar la riqueza total de una nación también mejoran las posibilidades de reducir la pobreza y de resolver otros problemas sociales. Pero la historia nos presenta ejemplos en los que el crecimiento económico no ha venido acompañado de un progreso similar en el desarrollo humano, sino que se ha alcanzado a costa de una mayor desigualdad, mayor contaminación, pérdida de la identidad cultural o expolio de recursos necesarios para el futuro.

6.1 El índice de desarrollo humano y el desarrollo sostenible

Para determinar el grado de desarrollo de un país y compararlo con el de otros países se utiliza el índice de desarrollo humano del Programa de Naciones Unidas para el Desarrollo (PNUD).

El índice de desarrollo humano considera que las capacidades básicas para el desarrollo humano son: vivir una vida larga y con buena salud, tener conocimientos, disponer de los recursos necesarios para gozar de un nivel de vida decente y poder participar en la vida de la comunidad.

A medida que se van comprendiendo mejor los vínculos entre el crecimiento económico y los problemas sociales y ambientales, los especialistas, y entre ellos los economistas, parecen coincidir en que un crecimiento semejante al del siglo xx no puede mantenerse por mucho tiempo.

El crecimiento económico, para que sea sostenible, debe alimentarse continuamente de los frutos del desarrollo humano, como la mejora de las aptitudes de las personas, más y mejores empleos, mejores condiciones para la creación de empresas y más participación en la adopción de decisiones.

El desarrollo es sostenible cuando satisface las necesidades actuales sin comprometer la capacidad de las generaciones futuras para atender sus propias necesidades.

Habitualmente, se entiende que esta justicia intergeneracional es imposible de alcanzar si no existe justicia social en la actualidad, si las actividades económicas de algunos grupos siguen poniendo en peligro el bienestar de otros. Por ejemplo:

- La deforestación constante de la cuenca del Amazonas, de extraordinaria biodiversidad, causa la extinción de especies desconocidas de plantas que podrían ayudar a curar el síndrome de inmunodeficiencia adquirida, el sida, una enfermedad mortal que constituye una amenaza para la población del mundo entero.
- Las emisiones de gases de efecto invernadero, generadas principalmente por los países industrializados, son una de las principales causas del calentamiento de la atmósfera. El cambio climático, a su vez, puede anegar las zonas litorales de islas y continentes, provocar el desplazamiento de sus poblaciones y desembocar en el empobrecimiento de naciones.

6.2 La desigualdad en la distribución de la riqueza y el desarrollo

Para medir la desigualdad en la distribución del ingreso de un país y compararla con la de otros países, los economistas suelen utilizar el *índice de Gini* o las curvas de Lorenz.

La desigualdad excesiva afecta a la calidad de vida de las personas, pues aumenta la incidencia de la pobreza y, de este modo, obstaculiza las mejoras en materia de salud y educación, y favorece la comisión de delitos. Además, una gran desigualdad pone en peligro la estabilidad política de un país, porque dificulta el consenso político entre los grupos de población de ingresos más altos y más bajos. La inestabilidad política incrementa los riesgos que supone invertir en un país, cuyo potencial de desarrollo se ve así seriamente perjudicado.

Una gran desigualdad también puede alterar las normas básicas de comportamiento entre los agentes económicos (individuos o empresas), como la confianza y el compromiso. Si los riesgos comerciales son altos y resulta costoso hacer cumplir los contratos, todas las transacciones económicas serán más lentas o inviables, lo cual, a su vez, dificultará el desarrollo económico.

7 La pobreza

Una dimensión especialmente delicada de la desigual distribución de la renta es la cuestión de la pobreza. Se consideran como pobres aquellas personas o grupos sociales cuyos ingresos son insuficientes para atender las necesidades de una existencia digna.

La mayor parte de la pobreza extrema del mundo se da en África, al sur del Sahara, y también en Asia. Entre los países en los que más de la mitad de la población se halla por debajo de la línea internacional de pobreza se cuentan Guatemala, Guinea-Bissau, India, Kenia, Madagascar, Nepal, Níger, Senegal y Zambia.

Existe una evidente relación positiva entre las economías con crecimiento económico y la reducción de la pobreza. Así, por ejemplo, en Asia, la proporción de la población que vive en la pobreza ha disminuido en los últimos cuarenta años, mientras que en África subsahariana, donde predominó en ese período un crecimiento negativo del PIB per cápita, prácticamente no hubo variación en la incidencia de la pobreza. Con los inicios de la globalización, desde 1975 los países pobres especialmente de Asia han crecido y ello ha propiciado que la brecha de riqueza entre países se haya reducido. Los países ricos no son tan ricos y muchos países que eran pobres se han hecho o se están haciendo ricos.

Aunque el número de pobres ha disminuido en el mundo (en parte porque China e India han crecido en los últimos años), ello es compatible con afirmar que la brecha entre pobres y ricos dentro de los países se ha ampliado, dependiendo de que el mercado laboral esté más o menos sujeto a las fuerzas laborales mundiales. Existen diferentes factores que explican la tendencia a la convergencia o divergencia internacional en los niveles de desarrollo:

- No todos los países en desarrollo disponen de capacidad de absorción de las nuevas tecnologías, por deficiencias en la formación del capital humano.
- Hay proteccionismos comerciales y de mercado de trabajo.
- Hay fugas de cerebros hacia países desarrollados.
- La cultura y la religión son también factores determinantes del desarrollo económico por su influencia sobre la mentalidad y las actitudes de la población.

La teoría de los círculos viciosos de la pobreza considera que el subdesarrollo es un problema de falta de capital (falta de maquinaria, equipos, instalaciones, recursos financieros, etc.). En efecto, los países pobres no disponen de una renta suficiente y, al no disponer de ella, continuarán siendo pobres. Por el lado de la oferta, la baja productividad impide a las empresas generar suficientes recursos para invertir. Por el lado de la demanda, al existir niveles bajos de productividad, los salarios son muy bajos y, por tanto, la capacidad de compra de la ciudadanía es escasa, por lo que la escasez de la demanda no estimula la inversión. Sin inversiones nuevas, la productividad de la economía no puede mejorar y no pueden aumentar los ingresos. De este modo, se cierra el círculo vicioso de la pobreza.

La distribución de la pobreza en el mundo ha dado un vuelco desde 1975. En ese año, Asia concentraba la mayoría de los pobres. En 2020, a la cabeza de esta fatídica estadística se encuentra África.

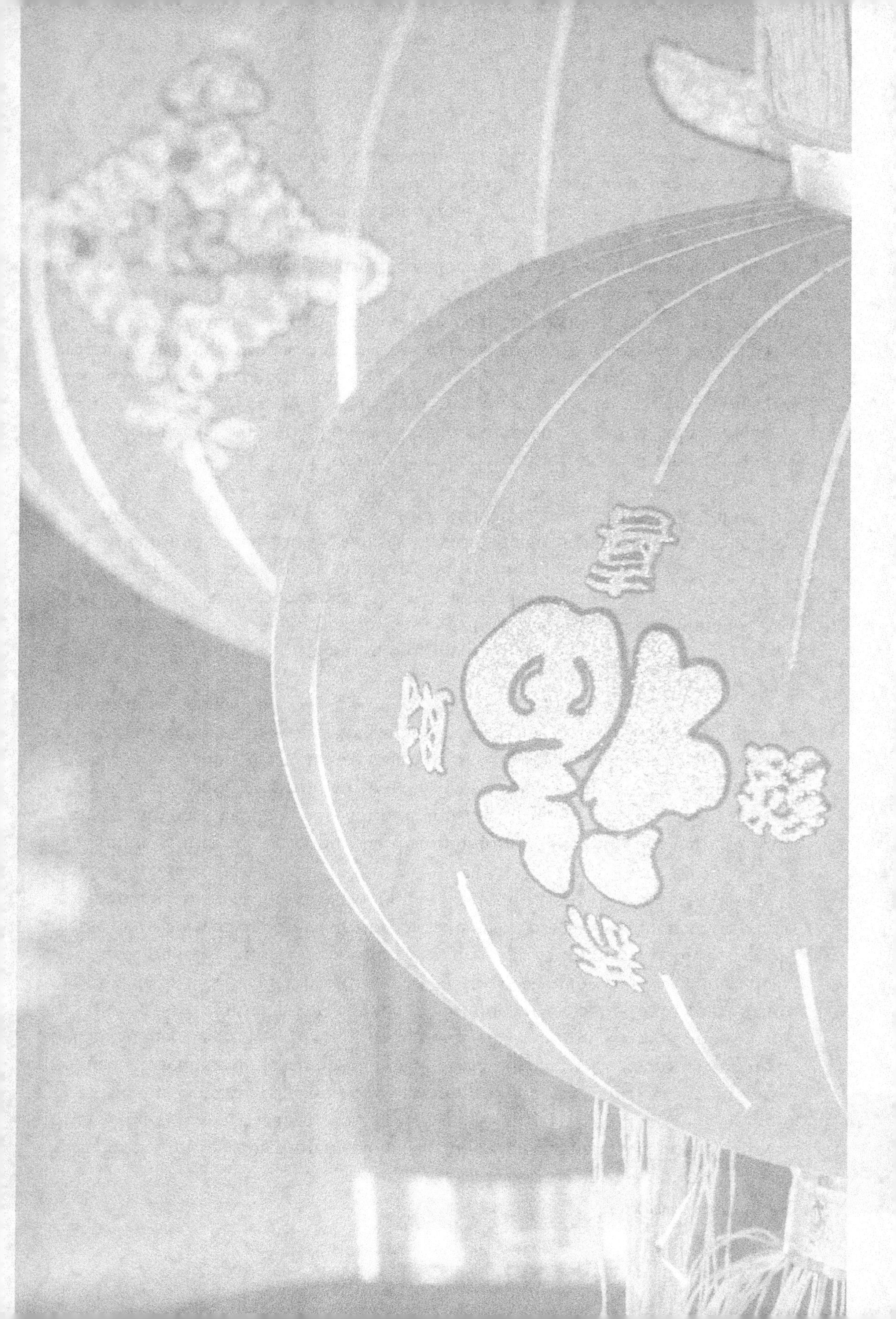

Análisis de casos del capítulo 1

Caso 1.1
China: factoría y tecnología del mundo

Cuando Marco Polo llegó a China en el siglo XIII a través de la Ruta de la Seda, encontró una tierra próspera donde la agricultura y la industria florecían de la mano del comercio, apoyado a su vez en un vasto entramado de carreteras, puentes y canales. La riqueza per cápita de los chinos excedía con creces la de los europeos, como ilustra el hecho de que la producción de acero de China fuera cinco veces superior a la de Europa. Sin embargo, a principios del siglo XV, en el zénit de su prosperidad, la dinastía Ming dio un giro radical a la política económica del país aislándolo del exterior y oprimiendo, con ello, su capacidad de innovación. Cuatro siglos después, China se había quedado atrás y Europa, más abierta, rica y poderosa, iniciaba su etapa colonialista del país asiático.

Desde 2020, con la crisis de la covid-19, han surgido voces que claman a favor de un mayor proteccionismo, y es más necesario que nunca entender los beneficios y los costos de la globalización frente a una desglobalización. Uno de los indicadores del crecimiento es el número de años que necesita un país para duplicar su renta. En el caso de China, sin embargo, resulta más ilustrativo evaluar el período necesario para *cuadruplicar* esa magnitud. Con dos décadas de tasas de crecimiento –desde el cambio estratégico iniciado en 1978– en torno al 10 %, China ha roto muchos patrones y obliga a repensar muchos análisis acerca del crecimiento y el desarrollo. Buena parte de ese crecimiento se asocia al trasvase de cientos de millones de personas desde un ámbito rural, en que su productividad era muy baja, a entornos industriales o de servicios donde operan con una cualificación considerable y una productividad razonable, y en algunos ámbitos elevada, especialmente en comparación a los costos laborales.

En la división internacional del trabajo, China fue desde el año 2000 «la factoría del mundo» y desde 2020 de la mano de Huawei es «la tecnología del mundo». Muchas empresas ubican allí porciones significativas de sus cadenas de valor añadido, lo cual genera recelos en las industrias tradicionales de Europa o Estados Unidos que deben afrontar esa nueva competencia. Recelos de magnitud solo superada por las expectativas de ventas en un mercado con un número potencial de compradores que cuadruplica al de la Unión Europea.

Las espectaculares tasas de crecimiento chinas *diluyen* algunas polémicas clásicas. Una de ellas, especialmente relevante, son las crecientes desigualdades en la distribución de la riqueza, tanto entre personas como entre territorios, típica en casi todos los episodios históricos de rápido crecimiento.

Elementos para la reflexión

Cuáles son los beneficios de la globalización para el despegue económico de un país

Existen varios canales a través de los cuales el fenómeno de la globalización afecta al crecimiento económico y, con ello, al bienestar de las personas. El primer canal se conoce como «difusión del conocimiento» *(knowledge spillover,* en inglés) y alude a los beneficios de que el conocimiento adquirido en un país pueda ser usado en otros países. Los flujos globalizadores (como las transacciones comerciales o los movimientos migratorios) permiten la difusión de nuevas ideas, que, a su vez, favorecen mejoras de productividad en los países receptores de dichos flujos, como ha sido el caso chino y también en países terceros y, en consecuencia, mejoras del bienestar global. Una característica que hace que este canal sea especialmente relevante es que el conocimiento es un factor de producción que puede ser usado simultáneamente por distintas personas en diferentes países (es un factor no rival, en términos económicos). En segundo lugar, se encuentra el «efecto escala», que se deriva del mayor tamaño de mercado que representa un mundo más global. En concreto, la globalización concede un mayor campo de juego a las empresas para explotar sus ideas. Así, a los beneficios procedentes de las ventas locales se añaden los de las ventas al exterior. Este mayor tamaño de mercado incentiva a las empresas a crecer y a adquirir mayores conocimientos, lo cual aumenta la productividad del país y, con ello, el crecimiento económico. Este efecto, no obstante, tiene una contrapartida directa y es que, a escala local, en esta economía más globalizada, el mayor beneficio que pueden obtener las empresas fruto de una mayor demanda puede ser contrarrestado por la pérdida de cuota de mercado ante la competencia de las empresas extranjeras. Ello da lugar al «efecto competencia» de la globalización, y, contrariamente al efecto escala, puede desincentivar la obtención de mayores conocimientos por parte de algunas empresas. Esto ocurre, por ejemplo, cuando las empresas locales, al perder cuota de mercado y por tanto obtener menores beneficios, tienen menos fondos para invertir en I+D+I.

+i

Teoría del despegue

Rostow describió en 1960 el crecimiento como las etapas de un proceso. De ese modo, cualquier economía está situada en alguna de las siguientes cinco etapas:

1 **La sociedad tradicional.** Economía caracterizada por la falta de progreso tecnológico. Básicamente, son sociedades en las cuales la mayoría de la población se ocupa en el sector primario (agricultura y ganadería).

2 **La preparación al despegue.** Etapa de ruptura con la sociedad tradicional, con transformaciones sociales, políticas y económicas previas al desarrollo económico. Aumento de la inversión y disminución del peso relativo de las actividades agrícolas.

3 **El despegue económico.** Etapa de fuerte impulso, basado en la expansión de la inversión industrial. Aparecen sectores de gran crecimiento y se transforman las estructuras institucionales para favorecer el crecimiento económico.

4 **La transición hacia la madurez.** Las tasas de crecimiento económico se aceleran y la industria presenta procesos productivos de mayor complejidad. Aparece la especialización productiva y el comercio internacional se expande.

5 **La sociedad del consumo masivo.** Etapa de bienestar social, caracterizada por el consumo masivo, principalmente de bienes duraderos.

➔ Visita www.margebooks.com donde encontrarás más elementos para reflexionar sobre estos temas.

En la misma línea, a escala mundial, una mayor globalización también puede acabar conllevando una mayor concentración de empresas y, en consecuencia, menores tasas de inversión. Por otro lado, un entorno más global aumenta la variedad de productos disponibles para las personas, puesto que permite el acceso a los productos extranjeros, lo que puede incrementar su bienestar («ganancias de la variedad»). Finalmente, los economistas han identificado un último canal, conocido como «difusión tecnológica». El vínculo que relaciona globalización, tecnología y crecimiento se articula de la siguiente forma: en una economía globalizada, las empresas están obligadas a utilizar una tecnología igual o superior a la de sus competidoras globales. Así, la mayor competencia comporta que solo aquellas empresas que operan con un nivel tecnológico puntero sobrevivan; la confluencia de estos elementos conlleva que los nuevos entrantes del mundo más global sean más avanzados desde el punto de vista tecnológico que los provenientes de un mundo con solo competencia a escala local. Aunque hayamos identificado los distintos canales que vinculan globalización y crecimiento económico, no podemos asegurar que el impacto de la primera sobre el segundo sea positivo, puesto que, aunque la mayoría de efectos van en esa dirección, el «efecto competencia» va en detrimento de una mejora del bienestar. Asimismo, la relevancia de esta relación también debe ser testeada: podría suceder que, aun encontrando un efecto positivo, fuera poco relevante desde el punto de vista económico.

Quiénes pierden con la globalización

A pesar de las probadas mejoras sobre el bienestar que se derivan del fenómeno de la globalización, puede ocurrir y, de hecho, ocurre, que este mayor bienestar no se distribuya de manera equitativa entre todos los individuos: algunos no solo no se benefician, sino que resultan perjudicados. Son los perdedores de la globalización. Podemos identificar distintas vías de afectación. La principal surge del aumento de la competencia directa que sufre cierta mano de obra (en general, poco cualificada) ante la posibilidad para las empresas de los países desarrollados de deslocalizar parte de su producción en los países emergentes (con unos costos laborales menores). Ello puede comportar la reducción de la demanda de trabajo local y, por ende, de los salarios. Existe un efecto que ejerce cierto contrapeso, no obstante, a esta situación desfavorable: la empresa que se decanta por la opción del *offshoring* (ya sea vía deslocalización o de contratación externa) podrá disminuir sus costos y aumentar así su productividad. Ante esta situación, los incentivos de la empresa para expandirse crecerán, lo cual puede incrementar la demanda de personal (tanto cualificado como no cualificado) en el país de origen y, con ello, su remuneración. Por último, esta disminución de costos de las empresas que optan por el *offhsoring* conduce a una disminución de los precios de los bienes y servicios finales producidos por dichas empresas, lo cual supone un aumento de los salarios reales del personal local.

Qué problemas ha generado la transición económica de China, de ser una economía planificada a una economía de mercado

El personal de las empresas de Estados Unidos o de la Unión Europea que producían un elevado porcentaje de bienes directamente expuestos a la competencia china (como bienes electrónicos o textiles), sufrieron importantes disminuciones salariales y un aumento del paro. La pérdida de empleo o la reducción de los salarios pueden derivar en situaciones de depresión. Asimismo, para aquellas personas

Recursos en internet

- **www.worldbank.org** • **https://www.bancomundial.org/**
  Web del Banco Mundial, es decir, el Banco Internacional de Reconstrucción y Fomento y la Asociación Internacional de Fomento (BIRF-AIF), con información sobre países de los cinco continentes y los informes sobre el desarrollo mundial.

- **http://hdr.undp.org/**
  Web del Programa de Naciones Unidas para el Desarrollo (PNUD) con acceso a información relacionada con el desarrollo y la elaboración del índice de desarrollo humano.

- **www.iadb.org/es**
  Web del Banco Interamericano de Desarrollo donde puede encontrarse una síntesis económica de 26 países americanos.

que no han sufrido la pérdida de su empleo e incluso han podido mantener su remuneración intacta, la nueva situación de mayor competencia que sufren sus empresas puede afectar de manera sustancial a su jornada laboral (tanto en términos de tareas como en términos de horarios), y desembocar en situaciones de estrés laboral. En definitiva, la globalización es capaz de mejorar el bienestar del conjunto de los países a través de mejoras de productividad, disminución de precios y aumentando la variedad de productos en el mercado. Sin embargo, genera costos de ajuste importantes sobre las personas que más sufren la competencia directa de los nuevos flujos globalizadores. Sus acérrimos detractores se han centrado en remarcar estos últimos costos, mientras que sus claros defensores a veces solo han subrayado sus beneficios.

Recursos web

En la web de Marge Books (www.margebooks.com) encontrarás otros recursos destinados al profesorado con ideas para trabajar el tema en clase. Son materiales didácticos gratuitos solo por registrarte.

El siguiente cuestionario o test de evaluación también permite valorar los conocimientos relacionados con el capítulo.

Cuestionario 1

1. ¿En qué año comenzó a decrecer la desigualdad entre países?:
   a) 1832 en plena Revolución industrial.
   b) 2002.
   c) 1975.
   d) La desigualdad entre países siempre ha crecido.

2. El PIB per cápita es un indicador:
   a) De macroeconomía de un país.
   b) De la microeconomía.
   c) De los pagos de un país frente al resto del mundo.
   d) De desarrollo de un país.

3. Entre las preguntas siguientes, cuál resume la problemática fundamental de la economía:
   a) ¿Cómo conseguir un aumento constante del nivel de vida sin causar daños al medio ambiente?
   b) ¿Cómo conseguir una asignación eficaz de recursos cuando estos son escasos y las necesidades humanas son ilimitadas?
   c) ¿Cómo conseguir una situación de pleno empleo compatible con tasas de inflación elevadas?
   d) ¿Cómo asegurar una distribución equitativa de la renta sin intervenir en una economía de mercado?

4. Si teniendo un examen mañana decido ir al cine, gastándome 6 €, el costo de oportunidad de ir al cine sería:
   a) 6 €.
   b) Depende únicamente de si me gusta o no la película.
   c) Depende únicamente del tiempo que dejo de estudiar para ir al cine.
   d) Es lo que me podría haber comprado con 6 €, además del tiempo que dejo de estudiar.

5. ¿Cuál de los siguientes temas no pertenece a la macroeconomía?:
   a) El déficit del Estado.
   b) El nivel de paro durante el último año.
   c) La relación entre inflación y empleo.
   d) El efecto de la subida del precio del petróleo en la demanda de gasolina.

6. El problema económico surge:
   a) Debido a la escasez de recursos.
   b) Debido a la abundancia de recursos.
   c) Debido a la política.
   d) Debido al gobierno.

7. La economía no es:
   a) La ciencia de la escasez que estudia cómo sacar el máximo partido de los recursos limitados.
   b) Una ciencia social.
   c) Una ciencia exacta.
   d) La ciencia de la elección, que estudia cómo sacar el máximo partido de recursos limitados.

8. En la teoría moderna del crecimiento:
   a) Hay tres factores que explican el aumento de la productividad: la acumulación del capital físico, la acumulación del capital humano y el progreso tecnológico.
   b) Los factores que explican el crecimiento son el disponer de recursos como el petróleo.

c) La clave es producir dinero.

d) La explotación laboral y los descubrimientos científicos determinan el crecimiento.

9. Será más competitiva:

a) Aquella economía que muestre mayor capacidad para bajar salarios.

b) Aquella economía que muestre mayor capacidad para ofrecer bienes que utilicen de forma más intensiva capital humano y nuevas tecnologías.

c) Aquella economía que muestre mayor capacidad para inventar y crear nuevos conocimientos.

d) Aquella economía que muestre mayor capacidad para descubrir oro.

10. Es falso decir que:

a) Las desigualdad dentro de los países ha aumentado en los últimos años pero la desigualdad entre países se ha reducido desde 1975.

b) Las políticas del crecimiento económico no suelen tener en cuenta cómo se reparte la riqueza ni cómo se produce.

c) Las políticas del crecimiento económico a veces ignoran las condiciones del desarrollo.

d) Las políticas desarrollo no tienen en cuenta cómo se reparte la riqueza ni cómo se produce.

11. El crecimiento económico fundamentalmente se mide y valora por:

a) Vivir una vida larga feliz y con buena salud.

b) Tener conocimientos, tener acceso a los recursos necesarios y poder participar en la vida de la comunidad.

c) La corrupción, los derechos de propiedad mal definidos, la inestabilidad política, la falta de empresarios y la debilidad de los mercados financieros, dificultan el desarrollo de muchos países.

d) El PIB.

12. Modelos de crecimiento que han funcionado en Asia son:

a) Aprendizaje de los colonos, creación de empresas propias. Estabilidad macroeconómica. Industrialización orientada a la exportación.

b) Proteccionismo.

c) Ahorro interno y escolarización básica. Reglas de juego bien definidas.

d) a y c.

13. La capacidad que tienen las personas para generar riqueza con su esfuerzo se denomina:

a) Trabajo.

b) Capital.

c) Recursos naturales.

d) Capacidad empresarial.

14. Los bienes y servicios se producen a partir de recursos o __________, como trabajo, capital, recursos naturales y capacidad empresarial:

a) Factores de producción.

b) Factores de oferta.

c) Factores económicos.

d) Ninguna de las anteriores es correcta.

15. La facultad de organizar todos los factores de producción de manera que permitan producir bienes y servicios es resultado de:

a) El sistema económico.

b) El capital.

c) Los recursos naturales.

d) La capacidad empresarial.

16. Acerca de las instituciones financieras:
    a) Las más conocidas son los bancos.
    b) El uso del dinero ha facilitado su aparición.
    c) Estas instituciones captan los recursos que no se destinan al consumo y que constituyen lo que se denomina ahorro.
    d) Todas las anteriores son correctas.

17. El/La __________ de un bien o de un servicio es el costo de la mejor alternativa perdida y refleja a lo que se renuncia para obtenerlo:
    a) Costo de oportunidad.
    b) Costo de oferta.
    c) Costo de demanda.
    d) Ninguna de las anteriores.

18. Los indicadores de crecimiento económico, como el PIB, reflejan la cantidad de recursos con que cuenta una sociedad, pero no proporcionan ninguna información sobre:
    a) La distribución de esos recursos; es decir, no señalan si la distribución del ingreso entre los grupos sociales es más o menos equitativa.
    b) El porcentaje de los recursos que se utiliza para proveer servicios básicos, como la educación y la atención a la salud.
    c) Los efectos contaminantes de la producción y el consumo en el medio ambiente.
    d) Todas las anteriores son correctas.

19. Para determinar el grado de desarrollo de un país y compararlo con el de otros países puede utilizarse el:
    a) Índice de desarrollo humano del Programa de Naciones Unidas para el Desarrollo (PNUD).
    b) Índice de desarrollo humano del Programa de la Organización de Países Exportadores de Petróleo (OPEP).
    c) Índice de desarrollo humano del Programa de la Organización Mundial de la Salud (OMS).
    d) Ninguna de las anteriores es correcta.

20. El problema económico surge por:
    a) La escasez de recursos.
    b) La escasez de recursos para obtener todos los bienes y servicios necesarios para satisfacer las necesidades humanas.
    c) Las grandes necesidades humanas.
    d) Ninguna de las anteriores.

 **Véanse las respuestas en la página 185.**

También se puede cumplimentar el test de autoevaluación en este enlace QR.

Capítulo 2
Mercados y fijación de precios

En las economías modernas, los mercados fijan los precios y por ello tienen un papel central en la asignación de recursos y en la determinación de qué se produce. En este capítulo se examinan el funcionamiento de los mercados, el papel de los precios, los argumentos acerca de su eficiencia, así como sus limitaciones o fallos.

1 Los sistemas económicos

Todas las sociedades deben afrontar tres problemas económicos básicos: *qué* producir, *cómo* hacerlo y *para quién*. Para resolverlos, los países adoptan criterios de organización que dan lugar a diversos sistemas económicos.

En los mercados se producen los intercambios de bienes y servicios mediante la interacción de la demanda y la oferta. La demanda indica la disposición de las personas consumidoras o compradoras a pagar por un determinado producto. La oferta es la capacidad de las empresas fabricantes o vendedoras para poner a disposición de quien compra una mercancía a un precio determinado. En las economías de mercado, los precios son señales que transmiten información acerca de lo que desea adquirir la ciudadanía, así como los incentivos para que los vendedores adopten las decisiones que más les convengan. La observación de los precios induce, en general, a comprar lo más asequible a igualdad de calidad, e incentiva a las empresas a producir aquello que les resulte más rentable.

En la economía de mercado, pues, las tres preguntas básicas de la organización económica son:

- **¿Qué producir?** En este sistema, el mercado marca lo que se debe producir; dicho en otras palabras: se producirá lo que los compradores decidan adquirir.

A partir de su demanda, los productores saben lo que es rentable producir y, en consecuencia, las empresas producen lo deseado. Cuando más personas utilizan más computadoras, más empresas encuentran rentable fabricarlas y prestar asistencia técnica a su clientela.

- **¿Cómo producir?** Las empresas son las que deciden cómo organizar a su personal, la tecnología que van a utilizar, etc. Pero si estas no producen de forma eficiente, desaparecerán, ya que en el mercado hay muchas empresas que rivalizan entre sí a través de lo que se denomina *competencia de mercado.*
- **¿Para quién producir?** El mercado también determina las retribuciones de los factores de producción. Aquellas personas que disponen de factores de producción bien retribuidos (trabajo cualificado, terrenos valiosos, riqueza financiera), podrán adquirir muchos productos, mientras que las personas con factores menos valiosos o en situaciones de infortunio (desempleo, incapacidad) tendrán escasa capacidad de compra.

Sorprende, inicialmente, que las economías de mercado puedan funcionar con eficiencia con miles de empresas y millones de consumidores, sin aparente intervención de una entidad coordinadora o reguladora.

Para explicar este fenómeno, el economista escocés Adam Smith elaboró el concepto de «mano invisible», la forma en que, de manera impersonal e invisible, los mercados transforman los incentivos egoístas e individuales en resultados sociales eficaces, es decir, en bienes y servicios que se necesitan o desean.

1.1 Limitaciones de la economía de mercado

Aunque la economía de mercado ha propiciado un gran desarrollo de la producción y la riqueza, no está exenta de limitaciones. La realidad nos muestra que no todas las personas pueden cubrir siquiera las necesidades más básicas, y que la pobreza y la desigualdad son una grave carencia tanto en el interior de los países como a escala internacional.

Así, en las economías de mercado, el Estado interviene por varias razones. La principal es que el mercado falla:

- Cuando no ofrece bienes públicos de disfrute general, como carreteras. En el mercado, nadie estaría dispuesto a pagar por un bien que, una vez producido, pudiesen utilizar todos, tanto si han pagado como si no.
- Cuando la actividad de unos perjudica a otros, como la contaminación generada por una empresa que daña a otras empresas o a la ciudadanía.

- Cuando una parte de la población carece de un mínimo para sobrevivir. Por este motivo, se plantean intervenciones públicas que van desde la protección social básica a la fijación de salarios mínimos.

1.2 ¿Qué tipo de bienes existen en una economía de mercado?

Se pueden diferenciar los *bienes económicos,* si son escasos y tienen un precio, de los *bienes libres,* que por su abundancia no tienen valor económico.

Asimismo, se distingue entre *bienes físicos,* como alimentos o ropa, y *servicios inmateriales,* como la educación.

Los *bienes de consumo* se destinan a satisfacer directamente una necesidad, como un bocadillo, y los *bienes de capital* se utilizan para producir otros bienes, como, por ejemplo, máquinas.

Los *bienes duraderos* son aquellos que pueden ser utilizados más de una vez y los *bienes no duraderos* solo pueden ser utilizados una vez (como una comida).

Por último, existen *bienes públicos,* a los que todos los consumidores pueden tener acceso, y *bienes privados,* que pertenecen a personas concretas que pueden excluir al resto de su utilización.

Suele denominarse *economía mixta* aquella que recurre al mercado para asignar los recursos, pero en la que el Estado interviene en mayor o menor grado para regular su funcionamiento.

Entre los teóricos del intervencionismo, cabe destacar al economista inglés John M. Keynes, quien planteó en su obra *Teoría general de la ocupación,* de 1936, la necesidad de la intervención pública en la economía ante situaciones de crisis en que los mercados no responden o lo hacen demasiado lentamente.

La consolidación del denominado *Estado de bienestar* en los países de la Europa democrática, a mediados del siglo xx, como compromiso público en materia de protección social —sanidad, educación, pensiones, protección ante el desempleo, etc.—, es el resultado de esta política de intervención.

2 Tipos de mercados

El mercado con un gran número de compradores y vendedores de un mismo producto homogéneo se denomina de *competencia perfecta* y, en cambio, la fórmula opuesta de mercado controlado por un solo productor es el *monopolio.* No obstante, en la actualidad abundan las situaciones de mercado de competencia imperfecta: cuando existe poder de mercado por parte de alguna o algunas de las empresas participantes. Este es el caso del mercado de *oligopolio* con un número reducido de vendedores y el mercado de *competencia monopolística* en el que hay un gran número de ofertantes pero el producto ofrecido es diferenciado por marcas.

2.1   Competencia perfecta

Es el mercado con un gran número de compradores y vendedores de un mismo producto homogéneo. La característica fundamental de la competencia perfecta es que ninguna de las empresas participantes en el mercado tiene capacidad para incidir sobre los precios, de forma que todas actúan como precio-aceptantes. Así, un requisito necesario para el funcionamiento de la libre competencia es la homogeneidad del producto, de modo que si un vendedor quiere vender más caro que otro un producto que es el mismo, nadie le comprará.

2.2   Monopolio

¿Qué pasaría si, por cualquier motivo –por ejemplo, porque el gobierno concediera a una sola empresa ese privilegio o porque alguna empresa absorbiera a todas sus competidoras–, el mercado pasase a estar abastecido únicamente por una gran empresa que lo monopolizase?

Dado este caso, la empresa monopolista sería perfectamente consciente de que para ella el precio de mercado no es algo inalterable que le venga dado. La empresa podría decidir sobre el precio, sin el freno que tienen las empresas en competencia perfecta, que saben que, si intentan subir el precio por encima del de mercado, lisa y llanamente se quedarán sin clientes.

De hecho, en ausencia de regulaciones públicas, el principal límite al poder del monopolista radica en que los consumidores estarán menos dispuestos a adquirir el bien a medida que suba su precio.

Al agente monopolista podría interesarle subir el precio si la reducción en las ventas fuese proporcionalmente pequeña, de modo que sus beneficios aumentasen. Esto representa, desde el punto de vista colectivo, una pérdida de eficiencia global. Además, puede existir también otra pérdida si la empresa monopolística tiene que dedicar recursos para mantener su posición de poder.

El monopolio y las demás formas de competencia imperfecta obtienen beneficios adicionales (llamados también *rentas de monopolio)* gracias a reducir la producción por debajo de la que resultaría de ser la competencia perfecta.

Así, dejan de producirse determinadas unidades del bien demandado, pese a que para ellas habría consumidores dispuestos a pagar un precio que cubriese su costo de fabricación (pero no a costear el beneficio extraordinario para el monopolista).

La curva de demanda que describe el monopolio presenta la habitual pendiente negativa. Ello significa que el monopolista sabe que, para vender más, debe aceptar precios más bajos, pero también puede subir el precio reduciendo la cantidad que vende al mercado.

Para que un monopolio sea eficaz no debe existir ningún producto sustituto o alternativo para el bien o servicio que oferta el monopolista, y tampoco debe producirse una amenaza significativa de entrada de un competidor. Esto permite al monopolista controlar los precios.

2.3 Monopolio legal

Los monopolios legales existen en determinados países por razones estratégicas, de bien público o de interés nacional para impedir la competencia de otras empresas. El monopolio subsiste gracias a una ley que dicta el Estado o por una franquicia gubernativa que otorga a cierta empresa el derecho exclusivo para producir un bien o servicio en un área determinada. Los monopolios legales suelen ser empresas estatales.

Actualmente, en un mundo global y competitivo, estos monopolios van desapareciendo. Asimismo, la aplicación de las normativas de defensa de la competencia, a veces denominadas *antimonopolio* –tanto en Estados Unidos como en la Unión Europea– tratan de limitar los «abusos de posición dominante» en los mercados.

El Estado puede fijar el precio del bien o servicio de varias maneras:

- Como si fuera un monopolio privado (una red ferroviaria pública, las tasas aéreas o portuarias, por ejemplo).
- Con el objetivo de obtener beneficios.
- Para no ganar ni perder dinero (igual al costo unitario).
- Estableciendo un precio político (la matrícula de la universidad pública).
- Decidiendo la gratuidad del servicio (por ejemplo, el alumbrado público).

2.4   Monopolio por patente o por control de un recurso esencial

Una empresa goza del poder de monopolio cuando es la única conocedora de una fórmula concreta, cuando controla toda la producción de un recurso natural o materia prima esencial para el proceso productivo, o cuando posee una patente sobre un producto o un proceso productivo. La protección legal de la monopolización de patentes industriales es una forma de estimular la investigación y el progreso tecnológico.

2.5   Monopolio natural

Cuanto mayor sea la empresa y mayor sea la producción, menores serán sus costos unitarios y más barato podrá vender. Así, los costos fijos de investigación y desarrollo repercutirán sobre una mayor cantidad de producto. Por el contrario, las empresas más pequeñas, al tener costos comparativamente altos y no poder competir, se verán obligadas a cerrar y, finalmente, quedará una única empresa para suministrar a toda la demanda.

Esta situación se llama monopolio natural, y consiste en disponer de unas economías de escala que permiten a la empresa abastecer el mercado a costos muy reducidos. En ese caso, el Estado puede:

- No intervenir, si el monopolio es socialmente rentable. Un monopolio es socialmente rentable cuando existen fuertes economías de escala que justifiquen la concentración de toda la producción en una única empresa.
- Prohibirlo. El Estado puede optar por aplicar leyes antimonopolio cuando ese monopolio no se justifique por la existencia de fuertes economías de escala, lo que puede conllevar precios abusivos fijados por la empresa monopolista.
- Fijar un precio máximo. Como alternativa a la prohibición, se puede negociar que en cada momento el Estado tenga la potestad de fijar el precio máximo al que se podrá vender el producto, para evitar precios abusivos.
- Nacionalizarlo. En una nacionalización, una empresa privada pasa a ser de titularidad pública. El Estado adopta esta solución cuando el monopolio produce bienes o servicios de gran interés social: sanidad, enseñanza, etc.

La mejor forma de eliminar los monopolios nacionales consiste en abrir los mercados a la competencia exterior. Uno de los principales éxitos de la integración económica de la Unión Europea ha sido el aumento de la competencia entre empresas que antes, en el ámbito nacional, actuaban prácticamente en régimen de monopolio.

2.6 Monopsonio

El monopsonio se caracteriza por la existencia de un solo comprador (por ejemplo, una empresa en un pueblo, que fuera la única que contrata trabajo) y muchos vendedores (trabajadores que ofrecen trabajo en ese pueblo). La única empresa existente tiene poder de mercado y así trata de obtener un resultado más favorable para sus intereses, esto es, salarios más bajos.

2.7 Oligopolio

El oligopolio es una estructura de mercado en la que participan pocos ofertantes que guardan entre sí una fuerte dependencia. Así, la característica principal de este tipo de mercado es la capacidad que una empresa tiene de influir sobre las decisiones de sus competidores con sus propias acciones y de ser influenciada por las decisiones de sus rivales. El ejemplo clásico de esta posibilidad son las guerras de precios, en las que la decisión de una empresa de rebajar el precio para ganar clientela se ve neutralizada por sus competidoras, que rebajan a su vez los precios.

Para entender las decisiones estratégicas de las empresas oligopolistas podemos utilizar la *teoría de juegos*. Esta teoría plantea las acciones empresariales como un juego de estrategia. Se trata de calcular qué hará la empresa rival ante los cambios en las condiciones del mercado y así poder planificar la política más conveniente que debe seguirse.

En el oligopolio, los resultados que obtiene cada empresa dependen no solo de su decisión sino de las decisiones de las competidoras. El problema, por tanto, es decidir una estrategia que puede ser analizada con las técnicas de la teoría de juegos.

Como indica la teoría de juegos, en contra de las argumentaciones de Adam Smith, si los agentes económicos actúan buscando de forma racional su propio interés, no siempre se produce un resultado socialmente deseable.

Las estrategias de las empresas oligopolísticas pueden ser dos: cooperar o competir. La cooperación es cualquier acuerdo que restrinja la competencia entre oligopolistas.

La mejora de la competitividad, aprovechando las economías de escala, se puede lograr con una fusión de empresas de tipo vertical, horizontal o de conglomerado:

- La fusión vertical implica la fusión de empresas que controlan distintas etapas del proceso productivo de un mismo producto. Ciertas empresas petrolíferas, como Repsol-YPF en España, tienen campos de petróleo (en Argentina, Yacimientos Petrolíferos Fiscales), refinerías, compañías de transportes y gasolineras. La coordinación entre ellas permite reducir costos.
- La fusión horizontal es la formada por empresas que desarrollan los mismos productos. Por ejemplo, en España, la fusión de bancos que ha dado origen al BBVA o al SCH.
- La fusión de conglomerado agrupa compañías independientes dentro de una misma organización.

Todas las fusiones de empresas tienden potencialmente a eliminar la competencia. Las fusiones suelen ser analizadas por las autoridades en todos los países y, dentro de la Unión Europea, por la Comisión Europea. Se trata de prohibir cualquier fusión que pretenda lograr un poder monopolista y actuar contra el interés público.

La forma máxima de cooperación, la que maximiza los beneficios de los oligopolistas, es el *cártel,* que es un acuerdo entre todos los productores afectados. Un cártel puede presentarse de dos formas:

- Competencia al margen de los precios. Cada empresa trata de mejorar la calidad, la presentación o cualquier otro factor, pero respetando el precio acordado.
- Reparto de cuotas o mercados. A cada empresa se le asigna un área donde vender, o bien una producción máxima que no puede sobrepasar.

En cualquier caso, estos acuerdos son siempre frágiles, ya que, si alguno de los miembros traiciona a los demás, puede obtener con ello grandes beneficios. Si existe cooperación, la situación se convierte de hecho en un monopolio y se producirá la pérdida de eficiencia comentada anteriormente. Por ello, la legislación de muchos países prohíbe dichas prácticas y, en ocasiones, se ha podido detectar y penalizar a responsables de empresas industriales por realizar propuestas de este tipo.

2.8   Oligopsonio

El oligopsonio es una estructura de mercado en la que participan pocos demandantes de un producto. Por ejemplo, tres empresas mundiales compran café a miles de cultivadores de Sudamérica o tres empresas de vino compran uva a miles de agricultores ofertantes de Cataluña. En ambos casos, estas tres empresas tienen poder de mercado y compran barato.

2.9 Competencia monopolística

Un requisito necesario para el funcionamiento de la libre competencia es la homogeneidad del producto. No obstante, la aparición de grandes empresas y de nuevos productos diferenciados por marcas en un mundo global restringe el número de mercados perfectamente competitivos.

Actualmente, la mayoría de las empresas se enfrentan a competidores que comercializan productos sustitutos (similares a los suyos), pero diferenciados, por lo que no existe homogeneidad entre los productos de los distintos ofertantes.

Los mercados de competencia monopolística poseen características del mercado de competencia perfecta y del monopolio. Esto es, cada empresa tiene el monopolio sobre la venta de la marca de un solo producto, pero compite con las diversas marcas de productos sustitutos cercanos.

Las características de los mercados de competencia monopolística son:

- Existen muchos ofertantes, cada uno de ellos con una participación pequeña en el mercado.
- No hay barreras de entrada para nuevas empresas; por consiguiente, a largo plazo, como en los mercados de competencia perfecta, los beneficios de cada empresa tienden a ser nulos.
- Si en el mercado se dan beneficios, cada vez habrá más sustitutivos del producto y más empresas que se repartirán la clientela; el grado de diferenciación de los productos se irá reduciendo y, a la larga, el beneficio tenderá a cero.
- El producto se diferencia en clases o marcas, por lo que el precio es distinto. Cada empresa es monopolista de su producto. ¿Cómo pueden las empresas aumentar su poder de monopolio?: diferenciando el producto de la competencia. La diferenciación del producto se consigue mediante modificaciones en el diseño, los complementos, el envase, etc., y con técnicas publicitarias.

3 Fallos del mercado

No siempre el mercado conduce a la eficiencia económica. En ocasiones, la conocida «mano invisible» de Adam Smith falla, y entonces surgen propuestas en torno a *otra mano libre* con forma de intervenciones públicas.

Como hemos visto, la competencia imperfecta es una de las fuentes de fallos de los mercados porque no garantiza que se produzcan todos los bienes y servicios por los que alguien está dispuesto a pagar un precio que cubra su costo de producción. Pero existen otras fuentes de fallos del mercado, como por ejemplo:

- Los efectos externos o externalidades.
- El suministro de bienes públicos.
- Los fallos por causas complejas.

3.1   Efectos externos o externalidades

En principio, la dirección de una empresa solo tiene en cuenta los costos y los beneficios individuales de sus actividades, pero no los posibles efectos que estas producen sobre terceras personas (los denominados *efectos externos o externalidades)*.

La externalidad es positiva cuando la actividad de una persona supone un beneficio para una tercera, sin causarle a esta ningún costo como contrapartida. Un ejemplo de externalidad positiva sería la mejora de una carretera por parte de una empresa, que beneficia gratuitamente las comunicaciones de un pueblo situado en sus inmediaciones.

La externalidad es negativa cuando la actividad de una persona supone un perjuicio para una tercera. Por ejemplo, la contaminación de un río por los vertidos residuales de una empresa de productos químicos. El costo social que supone la existencia de externalidades negativas obliga al Estado a intervenir como mecanismo compensador. Así, en el caso de la empresa contaminante del ejemplo, la intervención estatal la obligaría, bajo pena de multa, a colocar una planta depuradora como costo por la utilización de cauces públicos para verter residuos.

Otras externalidades negativas son:

- La contaminación atmosférica causada por industrias, vehículos y aerosoles.
- Las emisiones de ruido.
- La contaminación biológica de un ámbito provocada por la proliferación de un virus.
- La degradación del paisaje debida a la urbanización incontrolada.

3.2   Suministro de bienes públicos

Las empresas privadas no están motivadas para producir determinados bienes que reportan un gran beneficio a la sociedad pero que son poco rentables; también, puede ocurrir que los ofrezcan en cantidad muy inferior a la socialmente necesaria.

La intervención del Estado garantiza el suministro suficiente de bienes públicos, ya sea encargándose directamente de la producción o subvencionando empresas privadas.

Los bienes públicos son bienes cuyo uso por parte de una persona no impide el uso por parte de otra (bien no rival). Se trata de bienes que favorecen a toda la población y de cuyo disfrute nadie puede ser excluido (bienes no excluyentes); lo son, por ejemplo, el alumbrado de las calles, la defensa nacional, la televisión, el transporte ferroviario, la educación y la administración de justicia, entre otros.

3.3 Otros fallos del mercado

También los mercados pueden conducir a resultados insatisfactorios desde otras perspectivas que se analizan más adelante. Así, veremos que no está garantizado que el funcionamiento de los mercados conduzca a un reparto equitativo de la riqueza.

Esta dimensión de equidad o cohesión social lleva a menudo a planificar intervenciones públicas para redistribuir la renta. En ocasiones pueden darse decisiones globales de desempleo o crisis, sin que el funcionamiento de los mercados garantice una restauración del equilibrio, o que, al menos, no lo consiga con suficiente rapidez. Por eso, la acción política trata de mantener elevado el nivel de actividad económica para evitar este tipo de crisis o reducir su impacto.

Análisis de casos del capítulo 2

Caso 2.1

Mercado del petróleo

De entre los *inputs* denominados también materias primas o bienes *commodities,* cabe destacar el caso del petróleo, cuya sobreproducción actual y consecuente caída de precio han provocado que nuevas técnicas de extracción de esta materia prima, como la fracturación hidráulica o *fracking,* dejen de ser rentables. La hidrofracturación es un claro ejemplo de ruptura en el mayor cártel oligopólico del mundo, la Organización de Países Exportadores de Petróleo (OPEP). Asimismo, este mercado es un ejemplo de que un cambio de modelo productivo y la aplicación de tecnologías pueden tener argumentaciones contrapuestas.

Elementos para la reflexión

Qué argumentos sostienen que el precio del petróleo puede bajar

Durante muchos años, la industria del petróleo ha centrado su inversión en producir más y más petróleo sin importar los costos. Con el *oro negro* a más de 100 dólares por barril, lo importante era abrir más agujeros en el suelo para extraer más petróleo y obtener más beneficios. El aumento de la producción de Irak, Rusia y Estados Unidos ha contribuido a que actualmente haya un excedente en la producción de petróleo. La crisis de la covid-19 ha hecho desaparecer la demanda al pararse la actividad económica y en abril de 2020 el precio del barril llegó incluso a ser negativo. En episodios que la OPEP se ha negado a recortar la producción para estabilizar los precios en todo el mundo, esa resistencia empuja el precio del petróleo a la baja.

Como en todo mercado, los movimientos de precios pueden atribuirse a factores de oferta y demanda, aunque, para el caso del petróleo, la caída del precio se debe a factores de oferta. Entre estos factores, encontramos el desarrollo de la extracción de hidrocarburos no convencionales *(fraking)* que ha permitido a Estados Unidos incrementar su producción de manera muy acelerada. Por lo tanto, esta técnica de extracción ha disparado la producción estadounidense de petróleo y ha propiciado una reducción de precios.

+i

La Política Agraria Común (PAC)

La PAC no solo afecta a los consumidores europeos, sino también a los productores de países agrícolas del resto del mundo, ya que la UE eleva —mediante medidas proteccionistas— los precios de entrada de esos productos agrarios extranjeros, impidiéndoles ser competitivos en el mercado europeo, pese a que sus costos son a menudo muy inferiores a los de la agricultura europea.

Asimismo, en ocasiones, cuando la UE ha acumulado excedentes de determinados productos agrícolas, se deshace de ellos vendiéndolos subvencionados en los mercados mundiales, arruinando con ello los precios de países competidores.

Globalización y competencia

Como *consumidores*, la globalización nos es favorable, ya que pagamos menos por los productos y tenemos más variedad. Como *trabajadores*, se nos va complicando la vida. Pero quien ha de estar más atento a los cambios es el *empresariado*.

En este mundo cada vez más darwiniano, a diario quien dirige una empresa tiene que formularse preguntas básicas: qué producir, dónde, con qué proveedores, para qué mercados, etc. y todo a escala mundial, con internet como instrumento de transparencia de precios.

La utilidad social de la publicidad

Existe un amplio debate acerca del impacto de la publicidad sobre la economía y los consumidores. Para unos se trata básicamente de algo positivo porque mejora la información de la clientela potencial. Para otros, la publicidad contribuye a crear

Qué ocurre con el mayor cártel oligopolio del mundo, la OPEP

En este contexto de bajada de precios del petróleo, otro factor es la Organización de Países Exportadores de Petróleo (OPEP), un cártel de Estados –del que Estados Unidos no forma parte– y que es responsable del 40 % de la producción mundial. El mayor incremento de la oferta frente a la demanda ha conducido inevitablemente a una caída significativa del precio del petróleo.

necesidades artificiales y su valor social sería mínimo o incluso negativo. También puede señalarse el elevado gasto que ocasionan las campañas publicitarias, con el único propósito de contrarrestarse unas a otras.

Globalización y fallos del mercado

Si hoy el mercado es global, los fallos del mercado –como la contaminación, las crisis económicas o la pobreza de muchos países– también son globales. Por consiguiente, se necesita una política supranacional para corregir tales fallos, al igual que cuando la economía y el mercado era nacional la política requerida fue nacional.

Externalidades positivas de las actividades culturales

Además de crear riqueza, las actividades culturales tienen la peculiaridad de multiplicarla, generan externalidades positivas; esto significa que el conjunto de la sociedad se beneficia de ellas de una forma indirecta.

En efecto, por un lado, crean un entorno emocional positivo sobre las personas. Por ejemplo, las artes pueden provocar un impacto favorable sobre la creatividad de los individuos que trabajan en la innovación.

Por otro lado, al actuar en forma de red, las actividades culturales, cuando están reconocidas por los demás, potencian a otros sectores y mejoran su reputación. Por ejemplo, la cocina francesa ha servido para promocionar la calidad de los vinos o los quesos de este país.

➜ Visita www.margebooks.com donde encontrarás más elementos para reflexionar sobre estos temas.

En este sentido, este cártel ha decidido mantener sus niveles de producción inalterados y, de este modo, ejercer presión sobre las empresas estadounidenses (y, de paso, hundir la industria de la hidrofracturación o *fraking*).

Los ganadores de esta batalla son los países importadores, pues los bajos precios del petróleo aumentan el poder adquisitivo de los ciudadanos y las empresas consumidoras de esta materia prima. Por otro lado, los perdedores son, por contraposición, los exportadores de petróleo, dado que menores precios implican menores ganancias de las empresas productoras, lo que genera presiones a la baja en salarios y en las recaudaciones de los gobiernos. Predecir cuál será la evolución de los precios del petróleo no es algo fácil, aunque los expertos pronostican que no vuelva a subir. Dada la imparable proliferación de tecnologías de extracción alternativas, la evolución de la oferta dependerá en gran medida de la capacidad de los países productores para alcanzar acuerdos

La Organización de Países Exportadores de Petróleo (OPEP) ha cumplido en septiembre de 2020 seis décadas de existencia, en una de sus peores crisis.

para controlar la producción. Si los precios se mantienen bajos, es probable que la economía mundial se vea favorecida. Sin embargo, actualmente ya se empieza a hacer evidente la posibilidad de que la OPEP y Rusia firmen un pacto creíble para la reducción de la producción de crudo, para estabilizar los precios por encima de los 50 dólares y *limpiar* así el exceso de oferta existente en el mercado.

Por tanto, evidentemente la estrategia de la OPEP está en mantener la producción de petróleo y empujar los precios a la baja para quedarse sin competidores en el mercado, con el fin de volver a funcionar como un cártel sin oposición.

En contraparte, están las empresas de extracción alternativa que han sido capaces de aguantar el tirón y mantenerse a flote, pese a las condiciones a las que la OPEP las somete. Por ello, la OPEP está buscando alianzas (léase Rusia) con el fin de ejercer más presión sobre el mercado. Con todo, el futuro del precio del petróleo depende de la evolución de estas alianzas. A saber, si hay acuerdo entre la OPEP y Rusia, el precio se mantendrá por encima de los 50 dólares por barril e iniciará una tendencia al alza hacia los 100 dólares por barril. Por el contrario, si no se llega a un acuerdo y las empresas de extracción alternativa son capaces de mantenerse, dado el exceso de oferta que habrá en el mercado, el precio del petróleo será cada vez más barato y a la larga podría llegar a valores ínfimos.

Cómo afectará el cambio del modelo energético de muchos países y la incorporación del coche eléctrico o la bajada de precio de la energía solar

Otros factores que van a influir en el mercado del petróleo están relacionados con los cambios en el modelo de consumo de la demanda. Así, la transición de muchos países hacia un modelo energético más limpio y la incorporación del coche eléctrico (Volkswagen y Toyota, dos de los mayores fabricantes, se han puesto en serio) deberán marcar una mayor presión al descenso de los precios del petróleo.

Recursos en internet

- **e-Konomía**

  Canal de YouTube sobre economía del diario *La Vanguardia*, con una *playlist* del economista Xavier Sala i Martin que contiene breves tutoriales sobre economía nacional, europea y mundial.

  Disponible en: https://www.youtube.com/playlist?list=PLDB42F9C6EEAE8D1E

- **Documental *Comprar, tirar, comprar. La historia secreta de la obsolescencia programada***

  Dirigida por Cosima Dannoritzer y coproducida por Televisión Española, Televisió de Catalunya y Arte France, esta cinta (2010, 75 min) aporta pruebas sobre una práctica empresarial que consiste en la reducción deliberada de la vida de un producto para incrementar su consumo y muestra las desastrosas consecuencias medioambientales que se derivan. También muestra ejemplos del espíritu de resistencia que está creciendo entre los consumidores y recoge el análisis y la opinión de economistas, diseñadores e intelectuales que proponen vías alternativas para salvar economía y medio ambiente.

  Disponible en: https://www.youtube.com/watch?v=uGAghAZRMyU

Recursos web

En la web de Marge Books (www.margebooks.com) encontrarás otros recursos destinados al profesorado con ideas para trabajar el tema en clase. Son materiales didácticos gratuitos solo por registrarte. 

El siguiente cuestionario o test de evaluación también permite valorar los conocimientos relacionados con el capítulo.

Cuestionario 2

1. Monopolios legales:
   a) Existían en un pasado, pero actualmente no.
   b) Subsisten gracias a la ley que dicta el Estado o por franquicias gobernativas.
   c) Consiste en aplicar normas de defensa de la competencia.
   d) Es el modelo que sigue Estados Unidos.

2. Un oligopolio:
   a) Es una estructura de mercado en que participan pocos oferentes.
   b) Es una estructura de mercado en que los oferentes tienen poca dependencia entre sí.
   c) No está sujeto a barreras de entrada.
   d) Siempre pacta precios.

3. Los monopolios:
   a) Concurren diversos vendedores en el mercado.
   b) El producto no es homogéneo y hay otros que lo pueden sustituir.
   c) Hay barreras de entrada para acceder al mercado.
   d) La curva de la demanda presenta pendiente positiva.

4. La fusión de empresas:
   a) Su función es mejorar la competitividad y aprovechar las economías de escala.
   b) Existe la fusión vertical, horizontal y paralela.
   c) La fusión horizontal comporta la fusión de empresas que controlan diversas etapas del proceso productivo de un mismo producto.
   d) La fusión vertical es la formada por empresas que desarrollan los mismos productos.

5. El cártel:
   a) Permite maximizar el beneficio de los monopolios.
   b) Permite maximizar el beneficio.
   c) Permite maximizar el beneficio de los oligopolios.
   d) En ningún caso se reparten cuotas o mercados.

6. Las externalidades:
   a) Son los efectos de determinadas actividades económicas que afectan positiva o negativamente a otros agentes sin que estos paguen o sean compensados por este hecho.
   b) El empresario tiene en cuenta los efectos de sus actividades en terceras personas.
   c) La externalidad positiva representa un perjuicio para un tercero.
   d) La externalidad negativa representa un costo para un tercero.

7. Externalidad positiva:
   a) La contaminación atmosférica.
   b) Construcción de una carretera.
   c) Contaminación biológica.
   d) No existe la externalidad positiva, solamente la negativa.

8. Bienes públicos:
   a) La defensa nacional no es un bien público.
   b) Son aquellos bienes rentables que generan mucho beneficio a las administraciones públicas.

c) Los bienes públicos no se pueden ofrecer cuando el mercado ya los procure.

d) Son bienes que favorecen a toda la población por lo que nadie puede verse excluido.

9. En los mercados que funcionan con régimen de oligopolio:

a) Nunca hay dos oferentes.

b) Hay un solo productor.

c) Hay interdependencia entre empresas.

d) El producto siempre es homogéneo.

10. La interdependencia entre las empresas es una característica de:

a) Competencia perfecta.

b) Oligopolios.

c) Competencia monopolística.

d) Mercados intervenidos.

11. En un mercado de competencia monopolística:

a) Pocas empresas y un producto homogéneo.

b) Pocas empresas y un producto diferente.

c) Muchas empresas y un producto homogéneo.

d) Muchas empresas con productos diferentes.

12. En un mercado de competencia monopolística:

a) El producto es homogéneo.

b) Los bienes son complementarios.

c) Puede haber beneficios extraordinarios a largo plazo.

d) Los bienes son sustitutivos próximos.

13. El mercado de competencia monopolística se parece al mercado de competencia perfecta en:

a) El escaso número de oferentes y el gran número de demandantes.

b) En ambos casos la empresa puede influir sobre el precio de mercado.

c) Las empresas actúan con precios aceptantes.

d) A largo plazo los beneficios tienden a 0.

14. Uno de los cárteles más conocidos es:

a) La Unión Europea.

b) Microsoft.

c) Repsol.

d) La OPEP.

15. Una empresa oligopólica inicia una guerra de precios cuando:

a) Sube el precio para ganar más.

b) Baja el precio para que bajen lo bajen las empresas.

c) Sube el precio para que lo suban las empresas.

d) Baja el precio para aumentar sus vendas.

16. La competencia perfecta es:

a) La situación ideal de los mercados que exclusivamente ofrecen bienes.

b) La situación ideal de los mercados que exclusivamente ofrecen servicios.

c) La interacción de la demanda y la oferta que determina el precio.

d) La competencia perfecta se da en todos los países del mundo.

17. Características de la competencia perfecta:

a) Hay muchos vendedores.

b) El producto es homogéneo.

c) Hay libre entrada y salida de empresas.

d) Todas las anteriores son correctas.

---

18. En los mercados de oligopolio:

a) Solo existe un pequeño número de vendedores que ofrecen productos no diferenciados.

b) Las empresas están sujetas a interacción o interdependencia estratégica.

c) Las empresas pueden competir o cooperar formando cárteles (por ejemplo, la OPEP) para maximizar los beneficios.

d) Todo es correcto.

---

19. En los mercados de competencia monopolística:

a) Hay unos pocos vendedores que ofrecen productos similares pero diferenciados.

b) La publicidad y las marcas permiten distinguir el producto.

c) Hay muchos vendedores que ofrecen productos homogéneos.

b) Hay pocos compradores de productos similares.

---

20. La presencia de externalidades y de bienes públicos:

a) Son fallos en los mercados.

b) No pueden legitimar intervenciones públicas en la economía.

c) No alteran el producto.

d) Son siempre negativas.

Véanse las respuestas en la página 185.

También se puede cumplimentar el test de autoevaluación en este enlace QR.

Capítulo 3
Demanda, oferta y la determinación de los precios

En las economías modernas, los mercados tienen un papel central en la asignación de recursos, en la determinación de qué se produce y a qué precios. En este capítulo se examina el funcionamiento de un mercado competitivo y la determinación de los precios mediante la interacción de la demanda y la oferta, analizada en el capítulo anterior, en un tipo especial de mercados denominados de *competencia perfecta* con un gran número de vendedores de un mismo producto y sus participantes, personas consumidoras o *demandantes,* y las empresas como productoras u *oferentes.*

La nueva revolución tecnológica y el gran acceso a la información favorecen el mercado de competencia perfecta con una gran interacción de oferta y demanda a escala mundial que determina el precio. Hay muchos vendedores pequeños en relación con el mercado, de modo que ninguno puede ejercer una influencia apreciable sobre el precio de un determinado bien o servicio. El producto es homogéneo en el mercado, por lo cual al comprador le es indiferente un vendedor u otro. Los compradores, con la nueva tecnología y la gran información que proporciona el 4G y 5G, están cien por cien informados sobre los precios y las cantidades ofertadas.

1   La demanda

Consideremos a una persona, consumidora individual, que tiene que decidir qué cantidad está dispuesta a adquirir de un determinado bien. ¿Qué factores incidirán en esta decisión?

Parece claro que sus preferencias son un punto de partida. Asimismo, su renta o poder adquisitivo ejerce un papel crucial, que delimita lo que puede y lo que no puede adquirir. También el precio del producto será relevante. Sin olvidar que el consumidor dispone de otras alternativas para gastar su dinero y tendrá en cuenta el precio de estas (véase figura 3.1).

Así, si solo se tiene en consideración el precio, se puede definir la *función de demanda* como la disposición del consumidor para comprar de terminadas cantidades de un bien a distintos precios durante cierto período, mientras los demás factores permanecen constantes.

La cantidad demandada está relacionada negativamente con el precio del bien, según la ley de la demanda; es decir, manteniéndose todos los demás factores constantes, cuando sube el precio de un bien, disminuye la cantidad demandada de este (véase figura 3.2).

Para la mayoría de los bienes se cumple que, si disminuye la renta del consumidor, también disminuirá la cantidad demandada del bien. A estos bienes se les denomina *bienes normales*. Si la demanda de un bien aumenta cuando disminuye la renta, ese bien se denomina *bien inferior*. Cuando disminuye nuestra renta, es más probable, por ejemplo, que nos desplacemos en autobús. Por consiguiente, la demanda de billetes de autobús aumentará. En el caso de bienes inferiores, un aumento de la renta desplazaría la curva de demanda hacia la izquierda.

Cuando el aumento del precio de un bien aumenta la demanda de otro, los dos se denominan *sustitutivos*. Por ejemplo, si sube el precio del metro, el público demandará más viajes en autobús. Cuando se encarece el precio de un artículo sustitutivo de otro, la curva se desplaza hacia la derecha.

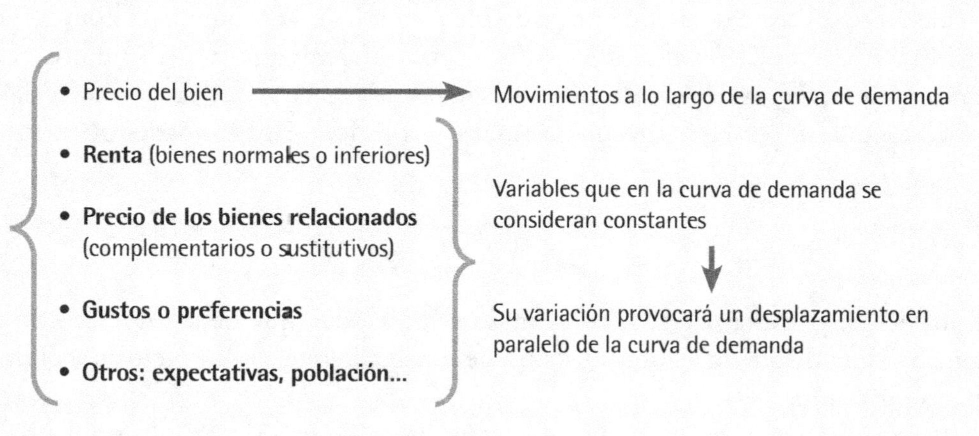

Figura 3.1. Variables que influyen en la demanda de un bien.

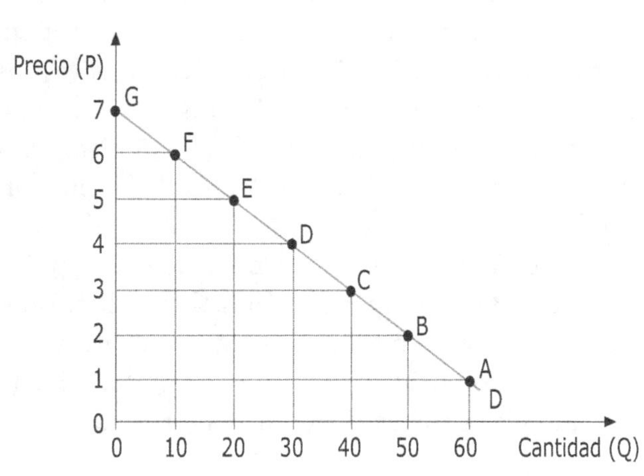

Figura 3.2. **Curva de la demanda.**

Cuando el descenso del precio de un bien eleva la demanda de otro, los dos bienes son *complementarios.* Ejemplos de bienes complementarios son las motos y los seguros correspondientes, la gasolina y los automóviles, los ordenadores y el *software,* etc. Cuando aumenta el precio de un bien complementario al que nos referimos, la curva de demanda de este se desplaza hacia la izquierda.

Un determinante de la demanda son los gustos o preferencias del consumidor. Por ejemplo, si aumenta la eficacia de la publicidad de un producto, se produce un incremento considerable en su venta. De nuevo, esto se traduce gráficamente en un desplazamiento de la curva de demanda hacia la derecha. Las expectativas sobre el futuro pueden influir en la demanda actual de un bien o servicio. Por ejemplo, si valoramos que el precio de la ropa bajará en la próxima época de rebajas, es posible que hoy estemos menos dispuestos a comprar ropa y, en consecuencia, bajará la demanda de este bien.

2   La oferta

Las empresas son las unidades de producción más importantes de las economías modernas. Las empresas pueden ser de muy diversas clases y tamaños, desde pequeños negocios familiares a grandes sociedades anónimas. Las empresas normalmente contratan los factores de producción a las personas que los poseen (personal o propietarios de algún otro recurso, como capital o materias primas) y a otras empresas.

El proceso productivo consiste en combinar en fases sucesivas los *inputs* para transformarlos en *outputs*. Para ello, se utilizan técnicas que varían con el tiempo y que definen en cada momento la tecnología existente. Por ejemplo, una empresa que fabrique tornillos *(output)* precisará calibrados de acero, laminadoras y personal cualificado como *inputs* básicos.

Es predecible que con el paso del tiempo la tecnología mejore por la innovación tecnológica. Asimismo, mejoras en la organización de la producción pueden tener efectos análogos. Por consiguiente, es posible aumentar la cantidad producida con los mismos factores de producción o, alternativamente, producir idénticas cantidades de producto reduciendo los factores de producción utilizados.

2.1 Eficiencia económica

En la práctica, una vez descartados los procesos técnicamente ineficientes, pueden darse varias opciones tecnológicas que utilicen *inputs* en proporciones diferentes, más o menos costosas. Unas tecnologías pueden emplear más *factor trabajo* (se dice que son «intensivas en trabajo») y otras, en cambio, pueden emplear más *factor capital* (son «intensivas en capital»). En esos casos hay que introducir una nueva dimensión de la eficiencia: la económica. Esto nos obliga a evaluar los costos asociados a cada tecnología.

2.2 Productividad

El volumen de producción depende de la eficiencia con que los utilicemos. Así, por ejemplo, si la producción total de una empresa con una plantilla de 50 personas durante un año fue de 4.000 unidades, concluimos que la productividad ha sido de 4.000 : 50 = 80 unidades por persona.

La importancia del concepto de productividad media radica principalmente en que, a medio y largo plazo, constituye el determinante principal del nivel de vida de un país. Cuanto más productivos sean en promedio los trabajadores, mayor será el volumen de bienes y servicios disponibles.

Si, al aumentar la cantidad empleada de un factor variable, el incremento de la producción obtenido con cada unidad adicional es cada vez menor, se dice que existen rendimientos decrecientes (véase la figura 3.3).

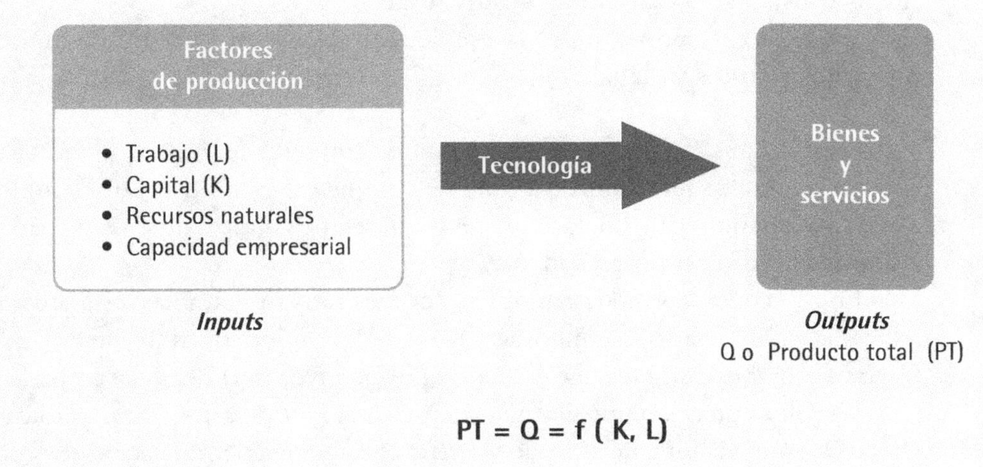

Figura 3.3. En la ley de los rendimientos marginales decrecientes intervienen los factores productivos y la producción, entre los que hay el trabajo (L) o el capital (K); el producto total (PT o Q), el producto medio o productividad y el producto marginal.

2.3 Costos y beneficios

Los costos de producción de una empresa son los pagos que debe efectuar para contratar las cantidades de *inputs* destinadas a producir cierta cantidad de *output*.

La denominada *función de costo* refleja la relación entre el volumen de producción y el costo más adecuado para la empresa. Si la empresa es tecnológica y económicamente eficiente, ese costo será el mínimo posible para fabricar un determinado volumen de producto.

En la práctica, es útil desarrollar los conceptos de *costo medio* y de *costo marginal*, paralelos a los que ya se han introducido para la productividad:

- **Costo medio o costo unitario**

  Si dividimos el costo total, *CT*, entre la producción total, *q*, obtendremos el costo medio, *CMe*, también denominado costo unitario (o costo por unidad). Veamos un ejemplo: si se producen 10 ciclomotores y el costo total de estos es de 10.000 €, el costo medio de un ciclomotor es 10.000 : 10 = 1.000 € por ciclomotor.

  El costo medio se reduce a medida que aumenta la producción.

- **Costos fijos, costos variables y costos totales**

  Esta tipología de factores fijos y variables se traduce en la distinción entre costos fijos y costos variables:

  - Los costos fijos, *CF,* son los que soporta una empresa con independencia del volumen de producción que alcance y aunque esta sea nula. Por ejemplo: edificios, maquinaria, calefacción del local, seguros, gastos de investigación, impuestos sobre la propiedad, etc.

    En las economías modernas son costos fijos muy importantes los gastos en investigación, desarrollo e innovación (I+D+I). Son los costos inevitables que debe afrontar una empresa farmacéutica, por ejemplo, antes de poder empezar a comercializar un nuevo medicamento. O los costos de desarrollo de un prototipo de automóvil antes de que pueda entrar en la cadena de fabricación en serie.

  - Los costos variables, *CV,* se derivan de la utilización de los factores variables, como el trabajo, que dependen del volumen de producción. Ejemplos de costos variables son los gastos relacionados con el consumo de energía eléctrica, agua y materia prima e *inputs* intermedios.

  - En definitiva, los costos totales de la empresa, *CT,* se obtienen mediante la suma de costos fijos y variables: $CT = CF + CV$.

    Para una empresa es muy importante operar con los menores costos posibles. Entre otras cosas, porque su capacidad para competir frente a sus rivales, lo que normalmente se denomina *competitividad,* depende de que sea capaz de mantener sus costos comparativamente bajos.

    Pero el objetivo propio de las empresas es obtener beneficios. De hecho, la teoría económica suele suponer que el objetivo básico de las empresas es obtener beneficios máximos.

2.4 Oferta

Una empresa cualquiera puede comprobar que la fuerte competencia es la que determina el precio de venta de sus productos en el mercado (véase la figura 3.4). Para la empresa en cuestión, sería difícil o imposible tratar de vender a un precio superior, ya que perdería clientes masivamente, que comprarían productos de la competencia. En estos casos, ¿cuál será la oferta de la empresa?

Considerando solo el precio del producto, podemos representar gráficamente la curva de oferta como una relación entre el precio de mercado del producto y la cantidad de ese producto que la empresa estaría dispuesta a ofertar.

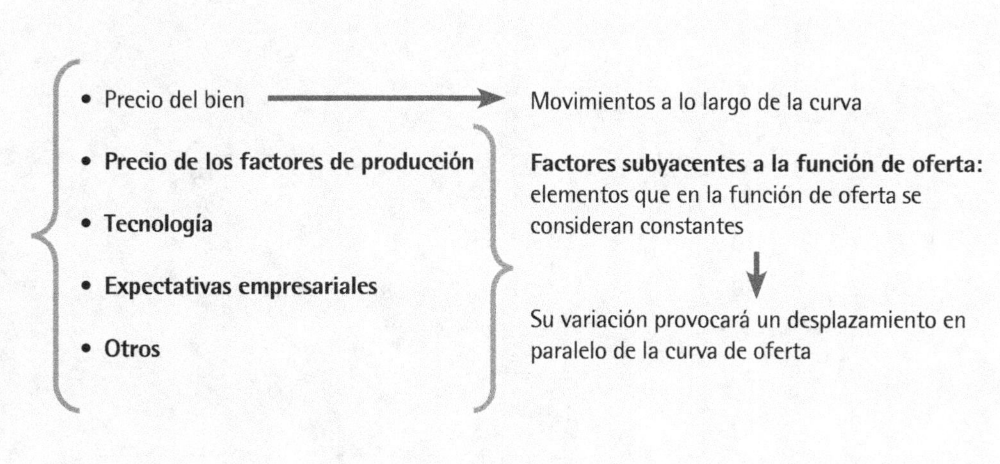

Figura 3.4. Factores que influyen en la oferta de un bien.

La curva de oferta tiene pendiente positiva: cuanto mayor es el precio, más rentable es para la empresa fabricar ese bien. Si aumenta el precio de mercado, una empresa podrá fabricar rentablemente más unidades, ya que podrá cubrir los costos no solo de la cantidad que ya fabricaba, sino también el costo adicional de sucesivas unidades.

De hecho, para cada precio, a la empresa le interesa producir hasta el punto en el que puede vender una unidad más —y, por tanto, aumentar sus ingresos en la cuantía del precio cobrado por esa unidad adicional— que permita cubrir el costo adicional o marginal derivado de esa unidad de más.

Los puntos de la curva indican diferentes cantidades que el vendedor quiere producir y ofertar según el precio del bien. Esto es, los puntos de la curva de oferta representan cantidades ofertadas según el precio (véase la figura 3.5).

A precios muy bajos, los costos de producción no se cubren y los productores renuncian a producir; conforme los precios van aumentando, empezarán a ofrecer unidades al mercado y, a precios más altos, incrementarán sin duda la producción.

En cambio, cuando se altera alguno de los elementos que inicialmente habíamos considerado constante (la tecnología, los costos de los factores de producción, las expectativas de los vendedores, las condiciones climáticas, los impuestos, entre otros), lo que se produce es un desplazamiento de toda la curva de oferta (véase la figura 3.6).

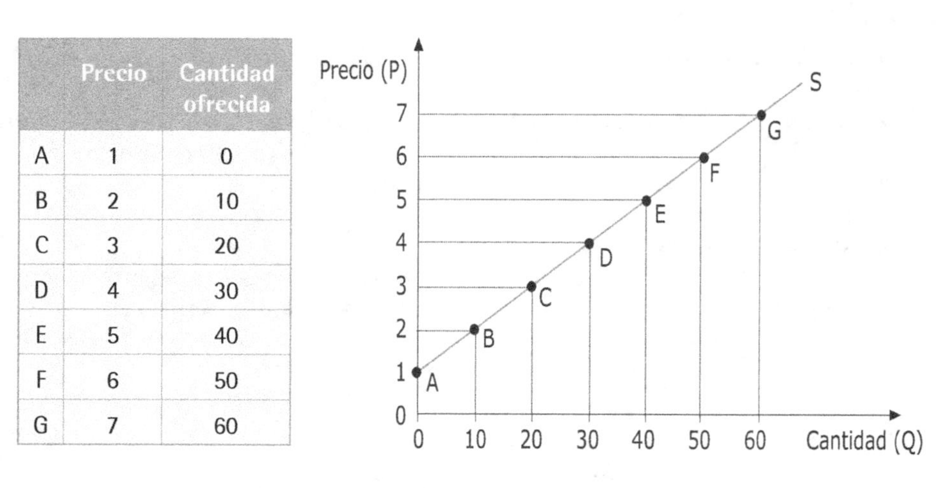

Figura 3.5. Curva de la oferta.

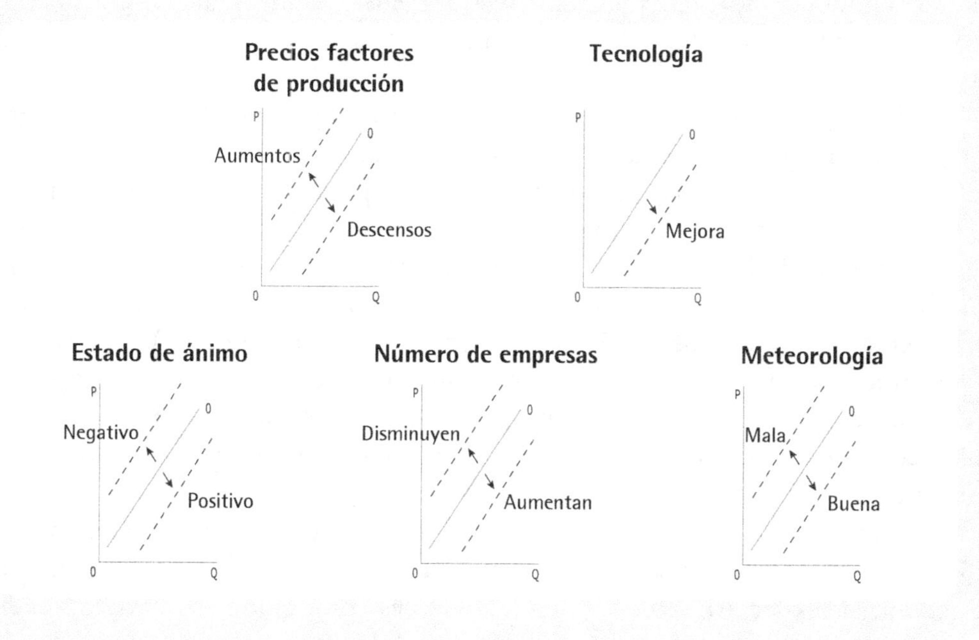

Figura 3.6. Ejemplos de desplazamiento de la curva de oferta.

3 El precio o equilibrio del mercado

Al «combinar» el comportamiento de consumidores y productores mediante la interacción de las curvas de demanda y oferta se provoca el funcionamiento de los mercados. Examinemos ahora la determinación del equilibrio en el mercado, el papel de los precios al respecto (véase la tabla 3.1), y especialmente cómo los mercados responden a diferentes circunstancias, entre ellas la apertura de los mercados nacionales a la economía internacional, la fijación de precios límite, la subida o bajada de los impuestos, y otras.

Un mercado es perfectamente competitivo cuando hay muchos vendedores, el producto es homogéneo, los compradores están bien informados y existe libre entrada y salida de empresas.

Los excesos de demanda y de oferta tienden a presionar los precios de manera que se alcance el punto de equilibrio del mercado. El precio de equilibrio «vacía el mercado», puesto que permite que los bienes que los vendedores ponen a la venta sean exactamente absorbidos por las compras de los consumidores.

¿Qué sucedería si el precio inicial fuese superior al de equilibrio?

En este caso, no todos los vendedores conseguirían vender su mercancía y rebajarían el precio, al tiempo que los compradores presionarían el precio a la baja a la vista de la sobreabundancia de mercancía. El resultado del juego de mercado acercaría el precio de esta a la situación de *equilibrio*.

Una forma alternativa y, en ocasiones, muy instructiva de entender la lógica del mercado se basa en las interpretaciones de las curvas de demanda y de oferta como informaciones acerca de a qué precio están dispuestos los compradores a adquirir y los ofertantes a vender una determinada cantidad. La constatación de que la disposición a pagar es superior al costo de producir induciría a los productores a llevar al mercado más cantidad o por el contrario un exceso de costo conduciría a las empresas a llevar al mercado una cantidad inferior.

Si la demanda...	y la oferta...	el precio de equilibrio...	y la cantidad de equilibrio
Aumenta	no se modifica	aumenta	aumenta
Disminuye	no se modifica	disminuye	disminuye
No se modifica	aumenta	disminuye	aumenta
No se modifica	disminuye	aumenta	disminuye

Tabla 3.1. Efectos del cambio en la oferta y la demanda en el equilibrio.

Para determinar el precio de equilibrio de un mercado se dibujan en un mismo gráfico las curvas de oferta y de demanda.

La figura 3.7 yuxtapone las curvas de demanda y oferta. La figura muestra (en el punto E) que, solo para el precio p = 20, la cantidad ofertada coincide con la cantidad demandada por los compradores, siendo esa cantidad de equilibrio de 100 unidades. Puede decirse que el punto E, donde se equilibran oferta y demanda, es el punto de equilibrio del mercado.

El precio de equilibrio «vacía el mercado», puesto que permite que los bienes que los vendedores ponen a la venta sean exactamente absorbidos por las compras de los consumidores.

Para ver que, efectivamente, el punto E es de equilibrio, podemos examinar qué sucedería si el precio vigente en el mercado se situase por debajo de 20, por ejemplo, en p = 15. La cantidad demandada por los consumidores sería de 140 unidades (punto B), superior a las 70 unidades que los ofertantes estarían dispuestos a aportar (punto A). La distancia AB representaría lo que se denomina exceso de demanda. Esta situación implicaría que la competencia entre compradores por hacerse con el bien deseado impulsaría su precio al alza, y los vende-

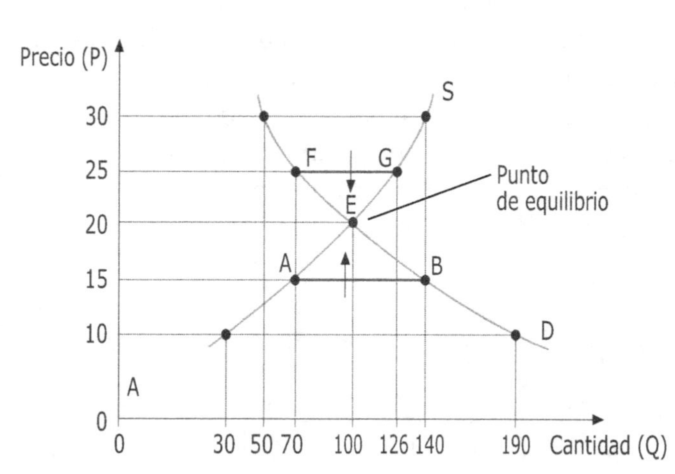

Figura 3.7. Curvas de oferta y demanda de un mercado y punto de equilibrio.

dores, por tanto, podrían subir el precio del producto. Los mercados responden a excesos de demanda mediante aumentos de precios, lo que tiende a acercar el precio inicial, de 15 a 20.

¿Qué sucedería si el precio inicial fuese superior al de equilibrio, por ejemplo, p = 25?

La figura muestra también que, para un precio de 25, la cantidad ofertada es de 126 (punto G), que supera a la cantidad demandada por los consumidores a ese precio, que es de 70 (punto F). En este caso, aparece un exceso de oferta de 56 unidades, dado por la distancia FG. No todos los vendedores conseguirían vender su mercancía y rebajarían el precio, al tiempo que los compradores presionarían el precio a la baja a la vista de la sobreabundancia de mercancía. El resultado del juego de mercado acercaría el precio de esta a la situación de equilibrio dada por el punto E.

Los excesos de demanda y de oferta tienden a presionar los precios de manera que se alcance el punto de equilibrio del mercado.

- Si al precio inicial la cantidad demandada es mayor que la cantidad ofertada, el precio tiende a subir.
- Si al precio inicial la cantidad ofertada es superior a la cantidad demandada, el precio tiende a bajar.

4 La elasticidad

El concepto de *elasticidad* permite medir la sensibilidad de la cantidad ofrecida o demandada ante las variaciones de algunos de sus determinantes:

- La sensibilidad de la demanda cuando se modifica el precio.
- La incidencia en el ingreso total según cuál sea el tipo de demanda de un bien definida por el valor de la elasticidad-precio de la demanda.

La cuestión es que no todos los bienes responden, ante una variación en el precio, con la misma intensidad en las cantidades demandadas y ofrecidas.

La *elasticidad-precio de la demanda* mide el grado (sensibilidad) en que la cantidad demandada responde a un cambio en el precio, manteniéndose constante todos los factores que afectan a la demanda. Los factores que afectan a la elasticidad-precio de la demanda son los siguientes:

- Naturaleza de las necesidades que satisface el bien, es decir, de si se trata de bienes de primera necesidad o de lujo.
- La existencia o no de bienes sustitutivos del bien en cuestión.
- Proporción de la renta gastada en la adquisición del bien.

Cuando una persona adquiere un bien realiza un gasto, que significa un ingreso para quien produce. Esta magnitud se define como *ingreso total.* A partir de este concepto se puede estudiar cómo varía el ingreso total cuando se modifica el precio. Como se expone a continuación, el cambio en el ingreso total depende de la elasticidad-precio de la demanda.

El ingreso total, concepto equivalente al del gasto total, es la cantidad pagada por quien compra y percibida por quien vende. Se calcula con la siguiente fórmula:

$$\text{Ingreso total} = \text{precio} \times \text{cantidad.}$$

Para ilustrar este concepto, supongamos que para un precio *(P)* de 5, la cantidad demandada (vendida) *(Q)* es 100. De acuerdo con la definición de ingreso total *(IT)*, este será:

$$IT = P \times Q = 5 \times 100 = 500.$$

Cualquier variación en el precio tiene un efecto sobre el ingreso. Sin embargo, hay dos efectos opuestos. Supongamos que disminuye el precio, los efectos que se producen son:

- El descenso del precio hace que disminuya el valor del ingreso total *(P × Q)*, pero…
- También aumenta el valor del ingreso *(P × Q)*, ya que la cantidad demandada aumenta cuando el precio desciende.

Lo anterior significa que, cuando desciende el precio, los consumidores pagan menos por cada bien y esto hace que disminuya el ingreso; pero compran más bienes y este aumento en la cantidad demandada aumenta el ingreso. La elasticidad determinará cuál de estos dos efectos opuestos es el que domina.

Cuando la demanda es inelástica, el aumento del ingreso provocado por el aumento del precio sería mayor que el descenso del ingreso derivado del aumento de la cantidad demandada, y en cuyo caso el ingreso aumentará. Cuando es elástica sucede todo lo contrario. El cambio en el ingreso total depende de la elasticidad-precio de la demanda de la forma siguiente:

- Cuando la demanda es inelástica, una subida del precio aumenta el ingreso total y un descenso del precio lo disminuye.
- Cuando la demanda es elástica, una subida del precio reduce el ingreso total y un descenso del precio lo aumenta.

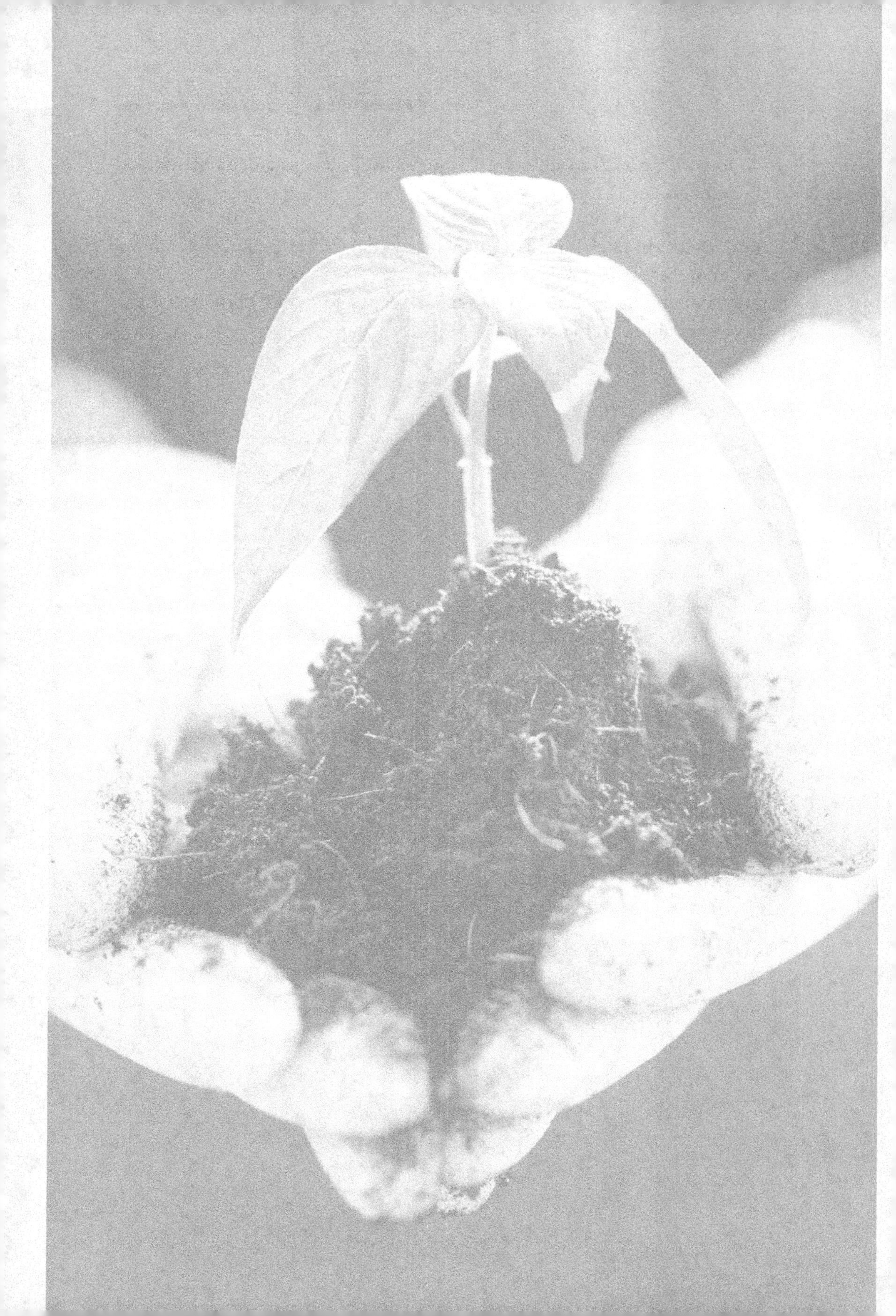

Análisis de casos del capítulo 3

Caso 3.1

Los mercados agrícolas en la Unión Europea y la PAC

La agricultura tiene un valor estratégico que es el de asegurar cierto grado de autoabastecimiento alimentario (en previsión de situaciones de crisis, guerras, etc.). Ello ha conducido, en bastantes países, a una política estatal intervencionista para estabilizar el mercado. En el caso de la Unión Europea (UE), la denominada Política Agraria Común (PAC) absorbe una parte importante del presupuesto de la UE y pretende ser un mecanismo de protección de los agricultores.

Una mala cosecha de un producto agrícola (disminución de la oferta) supone un aumento de su precio en el mercado. En épocas de clima favorable, una buena cosecha (aumento de la oferta) supone una disminución de su precio en el mercado. Como la demanda es inelástica, dicho descenso sería muy intenso (o sea, disminuiría en una proporción mayor que el aumento de la producción). El resultado sería una caída de los ingresos de los agricultores, lo que generaría un grave problema social que haría desaparecer a los agricultores. Para prevenirlo, históricamente se ha visto la necesidad de garantizar un precio mínimo del producto agrícola compatible con la existencia rentable de la agricultura. En este tipo de políticas, el Estado o la UE fija un precio de garantía, al cual comprará los excedentes. Esta política encarece los precios para el consumidor y afecta, en consecuencia, al bolsillo de los ciudadanos europeos, y también a los productores de países agrícolas del resto del mundo, ya que la UE eleva –mediante medidas proteccionistas– los precios de entrada de esos productos agrarios extranjeros, impidiéndoles ser competitivos en el mercado europeo, pese a que sus costos son a menudo muy inferiores a los de la agricultura europea. Asimismo, en ocasiones, cuando la UE ha acumulado excedentes de determinados productos agrícolas se deshace de ellos vendiéndolos subvencionados con *dumping* en los mercados mundiales, arruinando con ello los precios de países competidores.

Elementos para la reflexión

Los mercados agrícolas, un ejemplo de mercado de competencia perfecta

Uno de los pocos ejemplos de *mercado de competencia perfecta* es el de los mercados agrícolas. Sus características son:

- Formado por muchos pequeños productores, con lo que su conducta individual tiene escasa repercusión en el mercado global del producto.
- Gran dispersión de dichos productores, tanto a escala nacional como internacional, lo que hace difícil que tomen decisiones de forma coordinada.
- Producción ligada a recursos naturales específicos y escasos (por ejemplo, la tierra) y a condiciones naturales aleatorias (por ejemplo, el tiempo meteorológico).
- Los bienes son perecederos o de un alto costo de almacenamiento.
- Los productores suelen ser muy dependientes de la venta, lo cual les puede inducir, ante una bajada del precio, a intentar vender aún mayores cantidades.
- Gran rigidez en la oferta a corto plazo de los productos primarios, pues la cantidad que llega al mercado depende, sobre todo, de las condiciones climáticas y no tanto del precio.

¿Puede ser mala una buena cosecha?

Las características un tanto peculiares de los mercados agrícolas pueden llevar a situaciones a primera vista paradójicas. Contrariamente a lo que podría pensarse, una buena cosecha puede ser mala. Una cosecha abundante de un producto agrícola con demanda inelástica, es decir, relativamente vertical, conduce a una sobreoferta y una reducción del precio más que proporcional. Como los ingresos de los agricultores serán el resultado de multiplicar precio por cantidad, lo que ganan por cantidad lo pierden por precio, de modo que los ingresos de los agricultores pueden llegar a ser sensiblemente inferiores.

¿Qué efectos negativos conlleva la PAC?

Los efectos negativos que conlleva la PAC influyen sobre la capacidad de sobrevivir de miles de campesinos africanos que no pueden competir con la agricultura subvencionada de la UE. Esto es, los granjeros y agricultores de países en desarrollo no pueden acceder a los mercados de Europa y de otros países industrializados en condiciones competitivas. Por otro lado, propician mayores precios de la comida que deben pagar los consumidores europeos.

Caso 3.2

Elasticidad-precio de la demanda

Veamos con un ejemplo práctico qué comportamiento tiene la elasticidad-precio de la demanda cuando se trata de dos bienes muy diferentes: el pan, un bien de primera necesidad, y el caviar, un bien de lujo.

Supongamos que la función de demanda de estos dos bienes es la siguiente:

Pan		Caviar	
Precio	Cantidad	Precio	Cantidad
9	100	9	120
10	95	10	100

El cálculo del valor de la elasticidad-precio de la demanda cuando el precio pasa de 10 a 9 nos permite ver las diferencias de demanda de ambos:

— En el caso del **pan,** la elasticidad-precio de la demanda es:

$$E_{PD} = \frac{\% \, \Delta Q}{\% \, \Delta P} = \frac{+ \, 5{,}26 \, \%}{- \, 10 \, \%} = 0{,}526$$

Por tanto, el pan tiene una demanda inelástica (su valor es menor que 1).

– En el caso del **caviar,** la elasticidad-precio de la demanda es:

$$E_{FD} = \frac{\%\,\Delta\,Q}{\%\,\Delta\,P} = \frac{+\,20\,\%}{-\,10\,\%} = 2$$

Así, el caviar tiene una demanda elástica (su valor es mayor que 1).

En el cálculo de la variación de ingresos para los dos bienes, vemos que:

	Ingreso inicial
pan	10 x 95 = 950
caviar	10 x 100 = 1.000

	Ingreso final
pan	9 x 100 = 900
caviar	9 x 120 =1.080

	Variación de ingresos
pan	(900 – 950) = –50
caviar	(1.080 – 1.000) = +80

Se observa que, al bajar el precio del bien:

* Los ingresos de los productores de pan disminuyen (su demanda es inelástica).
* Los ingresos de los productores de caviar aumentan (su demanda es elástica).

Las causas de que la elasticidad-precio de la demanda sea diferente son que:

* El pan tiene una demanda inelástica, ya que se trata de un bien de primera necesidad.
* El caviar tiene una demanda elástica, ya que se trata de un bien de lujo.

Caso 3.3
Soberanía del consumidor

El estudio del comportamiento de los consumidores presenta a menudo unos planteamientos basados en un supuesto consumidor «soberano», cuyos deseos contribuyen a satisfacer el mercado, contrapuestos a enfoques críticos que resaltan la enorme influencia del *marketing*, la publicidad y otras estrategias empresariales.

Estos enfoques presentan a una ciudadanía manipulada en el marco de una sociedad consumista (una «sociedad opulenta», en la expresión de John K. Galbraith) que «fabrica» y «diseña» las necesidades que creen tener los consumidores.

Ciertamente la publicidad tiende a ser cada vez más *creadora* de necesidades que *informadora* de las características relevantes de un bien o servicio. Los anuncios intentan envolver, cuando no seducir, a la potencial clientela, para transmitirle lo imprescindible de una compra para alcanzar su felicidad o para aumentar su estatus social.

Por otra parte, las modas cambiantes inducen a cambiar periódicamente nuestro atuendo u otros bienes de consumo (móvil incluido). Por no hablar de la denominada *obsolescencia inducida* que hace que cada cierto tiempo se estropeen los electrodomésticos y otros bienes de consumo duradero y salga más a cuenta renovarlos por completo que intentar –casi infructuosamente– repararlos.

Marketing y publicidad

En economía suele considerarse que los gustos o preferencias de los consumidores dependen de motivaciones sociales o culturales. Numerosas empresas gastan mucho dinero en publicidad para tratar de incidir sobre estas preferencias en el sentido de incrementar la demanda de sus productos. Convendría plantearse hasta qué punto el *marketing* y la publicidad, realmente, crean y modulan las preferencias y estimulan las compras de los consumidores, en particular, de los jóvenes.

Las estrategias de mercadotecnia tienden a convencernos de que la marca de zapatillas deportivas *N* es radicalmente diferente de la *R*, aunque un análisis técnico-científico apenas descubriría diferencias, familiarizando a niños y mayores con unos nombres que irán calando como sinónimos de calidad y éxito. ¡Pobre –en la vida social– del que no las luzca! Y, naturalmente, las técnicas de fijación de precios inducen unas veces a identificar precio más alto con mayor calidad y, en otras ocasiones, a adquirir cosas innecesarias por el mero hecho de aparentar que han sido «rebajadas» de precio.

Una línea actual en el análisis de consumo consiste en examinar la demanda de características y no de bienes. Ello quiere decir, por ejemplo, que se estudia cómo la necesidad «transporte» puede satisfacerse mediante combinaciones de características (comodidad, velocidad, costo, consumo energético, etc.).

Una ventaja de este enfoque es que permite desmontar mejor gran parte de la publicidad encaminada a resaltar tal o cual discutible característica o determinada prestación del artículo, cuya excelencia se intenta inocular a las personas que aún son capaces de creerse «consumidores soberanos».

+i

La deslocalización

Las empresas pueden elegir cualquier ubicación y pueden invertir en cualquier parte del mundo. Por el contrario, el poder político se enmarca todavía en el ámbito estatal. ¿Qué ocurre? Que las empresas aumentan su poder de chantaje frente a los Estados y los sindicatos. En efecto, si en un país A los costos salariales son elevados, las medidas medioambientales son muy estrictas, se pagan más impuestos o, en general, los factores de producción son más caros, las empresas pueden trasladar su producción al país B.

Por consiguiente, los aspectos colaterales de la globalización son las transferencias de empleo desde los países desarrollados a otros con costos salariales y no salariales más bajos, con los problemas de viabilidad del Estado de bienestar que ello puede conllevar y con fallos del mercado mundial no corregidos (la contaminación, evidentemente, no conoce fronteras).

→ Visita www.margebooks.com donde encontrarás más elementos para reflexionar sobre estos temas.

Recursos en internet

- **Mercados centrales o de abastos**

  Si visitamos la web de algún mercado central o mercado de abastos relevante (por ejemplo, el de Madrid o Barcelona, en Europa, o el de Ciudad de México o Bogotá en América), donde se concentra la actividad mayorista de una gran ciudad, con multitud de empresas del sector agroalimentario, podemos ver en los apartados de estadísticas la **evolución de los precios,** por ejemplo, de la carne de vacuno (y de otros productos) a lo largo del año en curso.

  Los portales de referencia podrían ser los siguientes:

  > **Barcelona** > Mercabarna > Servicios > Estadísticas:
  > https://www.mercabarna.es/serveis/es_estadistiques-productes/
  > **Bogotá** > Corporación de Abastos de Bogotá - Corabastos > Histórico de precios:
  > https://www.corabastos.com.co/index.php/features/servicios-web/historico-de-precios
  > **Ciudad de México** > Central de Abastos CDMX - Ficeda > Sectores y precios al consumidor:
  > https://ficeda.com.mx/index.php?id=precios
  > **Madrid** > Mercamadrid > Estadísticas:
  > https://www.mercamadrid.es/estadisticas/

- **www.opec.org**

  Web de la Organización de Países Exportadores de Petróleo (OPEP). Creada en 1960, su objetivo principal es «coordinar y unificar las políticas petroleras entre los países miembros, a fin de **garantizar precios justos y estables** para los productores de petróleo; un suministro eficiente, económico y regular de petróleo a las naciones consumidoras; y un justo retorno del capital para quienes invierten en la industria».

- **Editorial IM: «Petróleo: ¿un recurso escaso barato?»**

  En la publicación periódica *Informe Mensual* de CaixaBank Research, se dedica un dossier al «Petróleo: pasado, presente y futuro» (IM03, n.º 399, marzo 2016). Es de interés especial el editorial a cargo de Jordi Gual.

  Disponible en: http://www.caixabankresearch.com/im399

En la web de Marge Books (www.margebooks.com) encontrarás otros recursos destinados al profesorado con ideas para trabajar el tema en clase. Son materiales didácticos gratuitos solo por registrarte.

El siguiente cuestionario o test de evaluación también permite valorar los conocimientos relacionados con el capítulo.

Cuestionario 3

1. No es un determinante de la demanda de los consumidores:
   a) Las preferencias.
   b) La renta.
   c) El costo de producción del bien.
   d) El precio de otros bienes relacionados.

2. La relación entre la cantidad demandada de un bien y su precio conforma:
   a) La curva de demanda.
   b) La curva de oferta.
   c) La productividad.
   d) La eficiencia.

3. En los mercados, la interacción de la demanda y la oferta determina:
   a) El precio de equilibrio.
   b) La cantidad de equilibrio.
   c) El precio y la cantidad de equilibrio.
   d) La eficiencia.

4. Cuál de las siguientes afirmaciones es falsa:
   a) Los mercados responden a cambios en la demanda (preferencias, renta).
   b) Los mercados responden a cambios en la oferta (tecnología, costos) ajustando precios y cantidades.
   c) La internacionalización de los mercados obliga a considerar la posibilidad de comprar a oferentes extranjeros y vender a demandantes extranjeros, generando importaciones y exportaciones.
   d) Los poderes públicos influyen sobre los mercados fijando precios o cantidades.

5. Es falso decir que:
   a) La producción es la transformación de factores productivos en bienes o servicios mediante la utilización de una determinada tecnología.
   b) La innovación tecnológica supone un mejor aprovechamiento de los factores de producción.
   c) A corto plazo, existen para las empresas dos tipos de costos: los fijos y los variables.
   d) Los costos fijos dependen del volumen de producción.

6. Entre las variables siguientes, ¿cuál no interviene en el desplazamiento de la demanda de petróleo para la calefacción?
   a) El precio del petróleo.
   b) La renta de los consumidores.
   c) El rigor del invierno.
   d) El precio del gas natural.

7. ¿Cuál de los siguientes hechos no implica un desplazamiento de la función de demanda de chocolate?
   a) Un aumento del precio del pan que es un bien complementario del consumo de chocolate.
   b) Un descenso en el precio de los bombones que constituyen un bien sustitutivo de la demanda de chocolate.
   c) Un aumento del precio del cacao que es un ingrediente necesario para la fabricación de chocolate.
   d) Un aumento de la renta de los consumidores de chocolate.

8. ¿Cuál o cuáles de los siguientes factores desplaza la curva de demanda?
   a) Un aumento del precio del bien.
   b) Un incremento de la renta.
   c) Un desplazamiento de la curva de oferta del bien.
   d) Una reducción del precio del bien.

9. En el mercado de hamburguesas de pollo se observa que la cantidad demandada ha aumentado mientras que el precio de este bien (normal) no se ha modificado. ¿Cuál de los siguientes factores ha sido la causa de la modificación de la conducta de los consumidores?
   a) Un alza del precio de las hamburguesas de ternera.
   b) Un alza del precio de la mostaza.
   c) Investigaciones médicas que desaconsejan el consumo excesivo de hamburguesas de pollo.
   d) Un descenso de la renta de los consumidores de este tipo de hamburguesas.

10. Si el precio de los discos compactos (CD) baja como consecuencia de la introducción de progreso técnico en este sector, qué ocurrirá:
    a) El ingreso total de los productores de CD aumentará.
    b) La cantidad demandada de CD aumentará.
    c) No afectará el precio de mercado de CD.
    d) El ingreso total de los productores de CD disminuirá.

11. El precio del café sube y la gente compra menos azúcar. De la anterior se deduce que el café y el azúcar son:
    a) Bienes complementarios.
    b) Bienes sustitutivos.
    c) Bienes normales.
    d) Bienes inferiores.

12. La oferta de un bien depende de:
    a) El precio del bien.
    b) La tecnología, la renta y las preferencias de los consumidores.
    c) El precio del bien, la tecnología, los costos de producción y de las expectativas empresariales.
    d) El precio del bien, la tecnología, los costos de producción y la renta de los consumidores.

13. Un desplazamiento a lo largo de la curva de oferta viene provocado por:
    a) La introducción de progreso técnico.
    b) Un aumento del precio de las materias primas.
    c) Un aumento de los salarios.
    d) La modificación del precio de este bien.

14. Un desplazamiento hacia la derecha de la curva de oferta de un bien puede provenir de:
    a) Un alza del precio de las materias primas.
    b) Un cambio en el gusto de los consumidores.
    c) Un aumento del precio de este bien.
    d) Una bajada del precio de la energía utilizada en la producción de este bien.

15. Si el precio de mercado es mayor que el precio de equilibrio:
    a) Se producirá un exceso de demanda.
    b) Las empresas no podrán vender todo lo que desean.
    c) La cantidad intercambiada en el mercado es la cantidad de equilibrio.

d) Se habrá producido un exceso de demanda.

---

16. Si el precio de mercado es inferior al precio de equilibrio:
    a) La cantidad demandada es menor que la ofrecida.
    b) La cantidad ofrecida es mayor que la demandada.
    c) El precio tenderá a bajar.
    d) El precio tenderá a subir.

---

17. Los efectos de los impuestos en los mercados:
    a) Son un mecanismo de intervención de los poderes públicos en la economía.
    b) La función del gobierno con los impuestos no es obtener recursos para financiar políticas públicas.
    c) No afectan ni a la oferta ni a la demanda.
    d) Los impuestos no afectan al precio de venta al público de los bienes.

---

18. El equilibrio de mercado:
    a) Permite que los bienes que los vendedores ponen a la venta no sean absorbidos por las compras de los consumidores.
    b) No interviene la curva de oferta ni la de demanda.
    c) Llena el mercado.
    d) Permite que los bienes que los vendedores ponen a la venta sean exactamente absorbidos por las compras de los consumidores.

---

19. En general, si el precio de mercado es superior al de equilibrio:
    a) Actúan las fuerzas del mercado.
    b) Actúa el Gobierno subiendo precios.
    c) Actúa el Gobierno bajando precios.
    d) Actúan los tribunales de competencia bajando precios.

---

20. Un exceso de demanda:
    a) Implica que la competencia entre los compradores para adquirir el bien impulsa el precio al alza.
    b) Implica que la competencia entre los compradores para adquirir el bien impulsa el precio a la baja.
    c) Implica bajar el precio de los productos.
    d) No afecta para nada al precio de los productos.

 **Véanse las respuestas en la página 185.**

También se puede cumplimentar el test de autoevaluación en este enlace QR.

Capítulo 4
Variables macroeconómicas

1 Visión macroeconómica del funcionamiento de una economía

La macroeconomía se ocupa del estudio de la economía en su conjunto. Con este fin, considera agrupadas las actividades de los distintos mercados y los diferentes agentes que componen el sistema económico.

La macroeconomía se ocupa del nivel general de precios de todos los bienes y servicios, no de los precios de algunos productos específicos. En consecuencia, para examinar si sube el nivel general de precios se promedian los precios de todos los bienes y servicios consumidos y se comparan con datos anteriores.

1.1 Objetivos macroeconómicos

Los economistas valoran el funcionamiento de una economía según el grado de cumplimiento de una serie de objetivos. La mayoría de los economistas admite que los objetivos macroeconómicos que deben plantearse son los siguientes:

- **Crecimiento económico**
  El crecimiento económico es el principal determinante del nivel de vida de una sociedad. El instrumento más utilizado para medir este crecimiento es el producto interior bruto (PIB). La riqueza de un país —y, por tanto, su PIB— crece al aumentar el capital físico (maquinaria, infraestructura productiva), al incrementarse el capital humano (cualificación y formación del personal trabajador) y, en general, al implantar avances tecnológicos y al mejorar las técnicas de gestión.

- **Ocupación o desempleo reducido**
  Un descenso en la actividad económica causa un incremento del desempleo, en la medida que las empresas disminuyen sus ventas y necesitan menos mano de obra. El análisis de las causas del desempleo y de sus remedios potenciales ocupa un lugar muy destacado en la agenda macroeconómica de los gobiernos.

- **Estabilidad de precios**
  Las oscilaciones en la actividad económica pueden ir acompañadas de incrementos generalizados de los precios o inflación. Además de encarecer el costo de la vida, la inflación puede provocar a medio plazo una pérdida de competitividad del país, pues el aumento de precios reduce las ventas de productos nacionales en el extranjero (exportación). Por tanto, los gobiernos tienen que estimular la actividad económica para buscar el crecimiento sin aumentar la inflación.

- **Estabilidad de los ciclos económicos**
  Al analizar la historia económica del siglo xx, se puede observar el comportamiento cíclico de la economía: los años correspondientes a la década de 1930 fueron de fuerte depresión, iniciada en Estados Unidos (1929); los veinticinco años posteriores a la Segunda Guerra Mundial fueron de crecimiento económico sostenido, alterado solo por recesiones muy modestas; en el período comprendido entre 1970 y 1985 volvió con fuerza la crisis al escenario internacional; desde entonces se han sucedido las fluctuaciones, con períodos de expansión y de recesión como las crisis financiera de 2008 o la crisis de la covid-19 en 2020.

Durante las recesiones, algunas empresas quiebran y otras ven cómo disminuyen sus beneficios. Por el contrario, durante las fases de expansión, crece la demanda de la mayoría de los productos, los beneficios aumentan y la mayor parte de los negocios tienen un mejor entorno para expandirse. Por tanto, los gobiernos elaboran sus políticas para reducir los efectos de los ciclos y asegurar un crecimiento estable.

2 La contabilidad nacional

La necesidad de agregar se deriva del hecho de que, en una economía, existen diferentes flujos económicos:

- **Flujo de gasto.** Las familias, llamadas *economías domésticas,* son las propietarias de los factores de producción: recursos naturales, trabajo y capital, que las empresas utilizan para generar bienes y servicios. Las familias deciden cuánto gastar, a la vez que ofrecen dichos factores a las empresas.
- **Flujo de renta.** Como contrapartida a los factores de producción, las empresas retribuirán a las economías domésticas con salarios a cambio de trabajo, intereses a cambio de capital y rentas a cambio de recursos naturales.
- **Flujo de producto.** Los ingresos que reciben las familias se pueden gastar en los bienes y servicios producidos por las empresas.

El desarrollo de la contabilidad nacional fue necesario para que la intervención del Estado resultara eficaz, pues es imprescindible disponer de mediciones precisas de las variables macroeconómicas, especialmente del producto nacional y sus componentes, para realizar políticas económicas.

2.1 Producto interior bruto (PIB)

El PIB es uno de los principales agregados económicos contenidos en la contabilidad nacional, dado que representa, de forma global, el resultado final de la actividad productiva en una economía.

El cálculo del PIB se fundamenta en el hecho de que todos los bienes y servicios producidos tienen una valoración monetaria, de manera que el dinero será el patrón de medida de la producción. Por ello, se podrá agregar cualquier tipo de producto, aunque sean distintos.

3 Contabilización de bienes y servicios finales

La expresión *bienes y servicios finales* indica que no puede obtenerse el producto nacional mediante la suma del valor de todos los bienes y servicios producidos, sino solo el de los finales acabados.

La razón es que el producto de una empresa puede ser un factor de producción para otra empresa. Así, por ejemplo, una empresa de confección compra los tejidos, los botones, los hilos, etc., a una serie de fabricantes distintos.

También una empresa que fabrica automóviles tiene cientos de proveedores de componentes. Es decir, la mayoría de los productos manufacturados modernos utilizan componentes fabricados por un amplio abanico de proveedores, que se ensamblan en las cadenas de montaje.

En este sentido, si nos limitáramos a sumar el importe de todas las ventas que se han realizado en el país, estaríamos contabilizando muchos productos dos o más veces y obtendríamos una cifra equivocada que superaría el valor de la producción real de la economía.

3.1   El valor añadido

El valor añadido (o valor neto) del producto de una empresa es el valor de este (valor bruto) menos el valor de los factores de producción adquiridos a otras empresas. Así, por ejemplo, el valor añadido del pan y de otros productos similares que vende una panadería es el valor de estos menos el valor de la harina y de los otros factores de producción comprados a las empresas proveedoras.

Dado que el valor añadido mide lo que cada empresa aporta a la producción total de un país, es decir, el valor de lo que cada empresa produce, la suma de todos los valores añadidos de la economía es una medida de la producción total.

En este sentido, el PIB a precios de mercado (PIBpm) puede definirse también con precisión como la suma de los valores añadidos de los diversos sectores de actividad, más el impuesto sobre el valor añadido (IVA) que grava los productos y que paga el consumidor en el mercado.

3.2   Producto nacional bruto (PNB)

Otro de los indicadores convencionales de la producción de la economía más significativos es el producto nacional bruto (PNB).

Una parte de las rentas que conforman el PNB de un país pueden proceder de empresas multinacionales que operan desde el exterior. Del mismo modo, algunas de las rentas que se generan dentro de un país pueden ser obtenidas por ciudadanos no residentes. Por consiguiente, existen flujos de rentas hacia fuera y hacia dentro de un país y, según se consideren o no, se estará haciendo referencia a uno u otro agregado.

Si consideramos los flujos de rentas con el exterior, el PNB se puede definir como el PIB menos las rentas percibidas por los no residentes dentro del país (RNR) más las rentas obtenidas en el extranjero por los residentes dentro del país (RRX).

En el caso de economías muy abiertas, con un elevado porcentaje de trabajadores extranjeros (Andorra, Luxemburgo, etc.), las diferencias entre el PNB y el PIB pueden ser importantes.

Igualmente ocurre en el caso de países receptores de mucha inversión extranjera o netamente inversores, como Alemania y Japón. Se da la circunstancia de que, en los últimos años, el crecimiento del PIB en estos dos países ha sido negativo, mientras que el del PNB ha sido positivo.

3.3 Métodos de cálculo del PIB

La producción y la renta nacionales pueden representarse con los flujos circulares de la renta y el gasto de una economía. Así, coincidiendo con estos flujos, podemos medir la producción nacional de tres maneras distintas; en cualquiera de los casos debe obtenerse aproximadamente el mismo resultado. Estas tres maneras son: el método del producto, el método de la renta y el método del gasto.

- El **método del producto** consiste en sumar el valor de todo lo que se produce en la economía durante un año. Se trata de localizar todas las empresas que han producido algún tipo de bien o de servicio y calcular el valor de esa producción según su precio de venta. No obstante, este no sería el procedimiento adecuado, puesto que, como hemos indicado, se corre el riesgo de contabilizar varias veces el valor de determinados productos. Por tanto, es necesario distinguir el valor adicional que cada empresa incorpora a la producción del bien. Es lo que hemos denominado valor añadido: es decir, el valor de las ventas que realiza la empresa menos el valor de los productos intermedios que utiliza para obtener su producción.

  Si sumamos el valor añadido de cada uno de los tres sectores productivos (el sector primario, compuesto por la agricultura y la pesca; el sector secundario, formado por la industria y la construcción, y el sector terciario, formado por los servicios, incluido el comercio), podemos llegar a una medida tipificada del producto nacional.

  En consecuencia, dado que el valor del producto final es igual al valor añadido total y que el PIB es un agregado de productos finales, este será también equivalente al valor que todas las empresas generan mediante su actividad productiva a lo largo de un período.

- El **método de la renta** se basa en que aquello que se produce se vende recibiendo rentas. De este modo, la producción nacional será igual a la renta nacional. Podemos considerar la suma de todas las rentas o remuneraciones que perciben empresas y familias como retribución por la participación en la producción: trabajo (sueldos y salarios), capital (intereses), recursos naturales (alquileres y rentas) y remuneración empresarial (beneficios).

- El **método del gasto** del PIB referido a un año determinado se calcula sumando todos los gastos en bienes y servicios finales realizados por los consumidores, las empresas y el sector público.

El gasto total en bienes y servicios finales se representa en las cuentas nacionales en forma de consumo, inversión y exportaciones netas. A menudo, el consumo se subdivide, a su vez, en gastos de consumo público y de consumo privado de las familias.

En definitiva, la producción puede ser adquirida por el sector privado en forma de consumo (C), de inversión o formación bruta de capital (I) por el sector público a través del gasto público (G) o desde el exterior, por medio de exportaciones (X). Pero no todo el consumo, la inversión o el gasto público se dirige a bienes y servicios que se producen en el interior, sino que también se importan (M) bienes y servicios. Por tanto, para conocer el valor o el destino de la producción interior, deben sustraerse aquellos bienes y servicios finales adquiridos en el exterior.

3.4 Categorías básicas del gasto

- El **consumo, C,** es el gasto que llevan a cabo las economías domésticas para hacer frente a sus necesidades corrientes.

  El consumo privado incluye el gasto en todos los bienes y servicios producidos y vendidos a las personas usuarias finales durante un año. Incluye los servicios (corte de pelo, entradas de cine, etc.), bienes perecederos (carne, ropa, flores, etc.) y bienes de consumo duradero (coche, televisor, etc.).

  No se incluyen, sin embargo, las viviendas nuevas, que se contabilizan como inversión, ni tampoco se considera el gasto en bienes de segunda mano, pues ya se contabilizaron anteriormente.
- La **inversión, I,** equivale al gasto de las empresas en bienes de capital, es decir, en bienes de producción que se utilizarán para la obtención de nuevos bienes y servicios, más el gasto de las familias en vivienda.
- El **gasto público, G,** es el que realiza el sector público en bienes y servicios, tanto corrientes (de consumo) como de inversión.

  Cuando los Estados proporcionan bienes y servicios necesarios para los ciudadanos, como prestaciones sanitarias, alumbrado público, educación, justicia y orden público, o control de la contaminación, es evidente que están aumentando el valor de la producción de un país.
- La **exportación neta, X – M,** es la diferencia entre las exportaciones y las importaciones.

4 Interpretación del PIB

La información proporcionada por las cifras de la contabilidad nacional puede resultar muy útil para conocer y analizar diversas cuestiones de la economía de un país, así como para compararlas con otras economías.

4.1 ¿El PIB indica el bienestar de un país?

A través de la evolución del PIB podemos conocer la tasa de crecimiento económico y, si lo relacionamos con el aumento de la población, determinar si el producto o renta por habitante ha experimentado alguna variación. Ahora bien, aunque el PIB es un reflejo del grado de bienestar asociado a la cantidad total de bienes y servicios disponibles, no es un fiel indicador del bienestar de la sociedad, pues adolece de determinadas limitaciones y carencias.

- **Minusvalora el PIB real, no valora la calidad y los efectos de la nueva tecnología**
  La primera carencia del PIB como indicador del nivel de actividad económica es que no contabiliza toda la producción del país, ni su calidad y no mide bien la riqueza existente con la nueva revolución tecnológica. Por ejemplo, un teléfono inteligente actual con un precio de 400 € presta los mismos servicios que antes se tenían que adquirir en el mercado y, por tanto, se valoraban dentro del PIB por 40.000 €. U otro ejemplo: la calidad de los productos mejora y eso no se ve reflejado en el PIB, como sería el caso de las cámaras de fotos integradas en los teléfonos.

- **No incluye actividades realizadas fuera del mercado**
  Las actividades no registradas oficialmente no se incluyen. Por ejemplo, las tareas propias del hogar, las actividades de voluntariado o la economía sumergida (la producción ilegal y no declarada).

- **No considera las externalidades**
  El PIB no examina los efectos indeseados o externalidades que suelen acompañar al crecimiento económico. En la medida que el crecimiento económico lleva asociado un aumento de la contaminación, de la congestión circulatoria y de otros inconvenientes, los cálculos del PIB sobrevaloran el valor real del crecimiento económico, ya que solo miden el incremento de la producción y de la renta, pero no deducen los efectos perjudiciales que a menudo suelen

acompañarlo. En consecuencia, el PIB no tiene en cuenta, por ejemplo, el deterioro del medio ambiente: la contaminación del aire, de los mares y de los ríos, la tala de bosques, la destrucción de la capa de ozono, el calentamiento del planeta, etc. Sin duda, si estos costos fueran considerados, reducirían, en términos de bienestar, los beneficios de la producción.

Por otra parte, las cifras del PIB pueden resultar engañosas si no se interpretan de manera correcta. Un aumento de la criminalidad en la sociedad implicará mayores gastos en seguridad. Esta actividad se incluirá en el PIB, pero ello no significa necesariamente un incremento del bienestar de la sociedad.

- **No indica cómo se distribuye la riqueza**
  Cuando se desea utilizar el PIB como indicador del nivel de vida, suele aconsejarse el empleo del PIB per cápita, es decir, el PIB dividido entre la totalidad de la población.

  Este indicador tampoco recoge cómo se distribuye la renta. En este sentido, el crecimiento económico puede ocasionar una mayor desigualdad social, cuando pocas personas se hacen muy ricas y otras muchas no mejoran su renta. Por ejemplo, un país productor de petróleo con un elevado PIB per cápita, pero cuya riqueza está en manos de un pequeño porcentaje de la población.

4.2 Comparación de las cifras de producto nacional de diferentes años

Las medidas del PIB se utilizan para efectuar comparaciones, especialmente de los niveles de renta.

Si se desea comparar el crecimiento del PIB de dos años, hay que determinar qué parte del incremento se debe al crecimiento de los precios, y cuál al aumento de las cantidades de los bienes y servicios producidos.

Aunque hay diversas maneras de realizar esta operación, el principio básico siempre es el mismo. Hay que calcular el valor del producto de cada año utilizando un conjunto común de precios referidos a un año base. Cuando esto se lleva a cabo, se dice que el producto real está medido a *precios constantes*. En cambio, el PIB valorado a *precios corrientes* es una medida nominal.

En resumen, cualquier cambio en el PIB nominal refleja los efectos combinados de los cambios en las cantidades y los precios. No obstante, cuando la renta real se calcula durante varios períodos utilizando un conjunto común de precios referidos a un año base, los cambios en la renta real reflejan exclusivamente cambios reales en los volúmenes de producción.

Anualidades	Cantidades producidas		Precios	
	Trigo (kg)	Hierro (t)	Trigo (€/kg)	Hierro (€/t)
Año 1	100	20	10	50
Año 2	110	16	12	55

Tabla 4.1. Producción y precios, durante dos años, de dos productos en una economía hipotética.

Para ver cómo se calculan el PIB nominal y el PIB real utilizamos un ejemplo. Consideremos una economía hipotética que produce solo dos bienes: trigo y hierro.

La tabla 4.1 presenta los datos básicos sobre precios y producciones de dicha economía durante dos años consecutivos.

El PIB nominal se obtiene calculado mediante la agregación de los valores monetarios del trigo y del hierro. En el primer año, el valor de la producción de hierro y trigo ascendió en cada caso a 1.000 €, por lo que el PIB nominal fue de 2.000 €. En el segundo año, el valor de mercado de la producción de trigo subió hasta 1.320 €, mientras que el del hierro disminuyó hasta 880 €. Puesto que el crecimiento del valor del trigo es mayor que la disminución del valor del hierro, el PIB nominal aumentó en 200 €. No obstante, al utilizar los precios del primer año, el valor de la caída de la producción de hierro es mayor que el valor del aumento de la producción de trigo, con lo que el PIB real en el año 2 es menor que en el año 1.

Comparar lo que les ha sucedido al PIB nominal y al PIB real a lo largo del mismo período implica la existencia de un índice de precios que mida el cambio de los precios en ese mismo período. Dicho índice se denomina *índice de precios implícito o deflactor.*

Para calcular la tasa de crecimiento del PIB de un año *t* respecto del año *t-1*, debemos emplear la siguiente fórmula:

$$\text{Tasa de crecimiento del PIB}_{t/t-1} = \frac{\text{PIB}_t - \text{PIB}_{t-1}}{\text{PIB}_{t-1}} \times 100$$

En el ejemplo anterior podemos constatar que el PIB creció nominalmente un 10 % entre el año 1 y el 2, pero lo que sucedió realmente es que, en términos de producción, se redujo en un 5 %.

En el cuadro 4.1 se muestra otro ejemplo de cálculo entre PIB nominal y real.

Cuadro 4.1. Cálculos de PIB nominal y real

En el año 2000, el PIB a precios de mercado fue 530 en términos nominales. Los precios crecieron durante el año 2001 un 10 %. En este escenario, ¿cómo calcular cuánto creció el PIB en términos reales en el período 2000-2001?

Para obtener el PIB a precios de mercado en 2001 en términos reales, habrá que deflactar esta magnitud. El enunciado indica que los precios crecieron un 10 %. Si tomamos al año 2000 como año base (es decir, índice 100), en 2001 este índice será de 110. Por lo tanto, el valor del PIB en términos reales (descontando el valor del aumento de los precios) será:

$$(600/110) \times 100 = 545,45.$$

Conociendo el valor del PIB en términos reales y nominales, sabemos que el crecimiento del PIB en ese mismo período *en términos nominales* ha pasado de 530 a 600. En consecuencia, la tasa de crecimiento será del 13,2 %.
En el período de referencia 2000-2001, en términos reales ha pasado de 530 a 545,5. La tasa de crecimiento, por tanto, será del 2,91 %.

5   Inflación

La inflación es el proceso en el que los precios de una economía crecen a lo largo del tiempo de forma continua y generalizada.

En una economía familiar, el dinero es relevante en función de su poder adquisitivo; es decir, lo importante es la relación entre la cantidad de dinero de que dispone una familia y el precio de los productos que desea adquirir. Así, por ejemplo, si los precios suben, una familia puede comprar con el mismo dinero menos productos: el poder adquisitivo de la gente se reduce. Estos desajustes se miden mediante el denominado *índice de precios de consumo*.

5.1   Índice de precios de consumo (IPC)

El IPC es una medida estadística de la evolución del conjunto de precios de los bienes y servicios que consume la población residente en un país.

La forma habitual de medir la inflación es con el IPC. De esta manera, la inflación es la tasa de variación porcentual del índice de precios en el período que se considera. Por ejemplo, en España el IPC lo calcula mensualmente el Instituto Nacional de Estadística (INE), sobre la base de lo que consumen la población según un estudio de los hábitos de consumo derivado de la encuesta de presupuestos familiares (EPF), que considera varios centenares de artículos.

- **Elaboración del IPC**
  Para elaborar un índice de precios deben tenerse en cuenta dos cuestiones:

  - Grupos de precios que deben utilizarse
    Obviamente, depende de lo que el índice intente medir. El IPC incluye los precios de los bienes y servicios que adquieren habitualmente las personas consumidoras. Los cambios producidos en el IPC miden los cambios en el costo de la vida del hogar.

    Si todos los precios cambiasen en la misma proporción, esto no tendría ninguna importancia: un incremento del 10 % en el precio de todos los bienes representaría un incremento del 10 % en el índice, sin que importara la forma en que este se hubiese elaborado. Pero los precios de los bienes cambian en proporciones variables.

  - Ponderación de los precios de los bienes de consumo
    En este caso, resulta muy importante la ponderación que demos a cada cambio en un precio. Los cambios de precio del pan, por ejemplo, importan mucho más al ciudadano medio que los cambios en el precio de un producto cuyo consumo es minoritario.

    Profesionales técnicos del INE encuestan periódicamente a un conjunto de familias para saber de qué manera los hogares gastan sus rentas y determinan la cesta de la compra de la familia promedio, así como la proporción de gasto que se destina a cada bien. Estas proporciones se convierten en los pesos vinculados a cada precio en el momento de calcular el IPC. De este modo, el IPC atribuye un peso relativamente alto a los bienes más significativos y un peso relativamente bajo a los bienes que apenas inciden en el gasto familiar.

- **Cálculo de la tasa de inflación**
  La tasa de inflación entre dos períodos se mide a través del incremento porcentual en el IPC entre el primer y el segundo período.

- **El diferencial de inflación**

  El diferencial de inflación es la diferencia de las tasas de inflación existente entre dos espacios geográficos, por ejemplo, entre España y Austria, dentro de la Unión Europea, o de las comunidades autónomas de Extremadura y Cataluña, dentro de España. La importancia del diferencial de inflación deriva de que los territorios con inflación más alta ven cómo se encarecen sus productos en mayor proporción, con efectos negativos sobre su competitividad.

- **El IPC armonizado de la Unión Europea**

  El índice de precios de consumo armonizado (IPCA) sirve para poder hacer una comparación homogénea del IPC entre los diferentes países de la Unión Europea. En España, las variaciones del IPC armonizado y del IPC propio son muy similares.

  El IPCA utiliza el mismo método de cálculo que el IPC nacional, en el que cada bien o servicio recibe una ponderación concreta.

- **La inflación subyacente**

  Es la que excluye de la cesta del IPC los alimentos no elaborados, básicamente agrícolas, y la energía eléctrica o las materias primas energéticas importadas, como el gas natural y el petróleo, por razones estacionales o fluctuaciones climáticas.

- **Otros índices de precios**
  - El índice de precios industriales (IPI) es un índice que incluye, básicamente, los precios de las materias primas que utilizan las empresas. Es relevante para las comparaciones de competitividad con los productos que fabrican otros países.
  - El deflactor del PIB es una buena alternativa para medir la inflación, porque distingue entre los valores reales y los nominales del PIB, afectados por los incrementos de precios de bienes y servicios. El deflactor del PIB se calcula como la relación porcentual entre ambos, según la siguiente fórmula:

$$\text{Deflactor del PIB}_{t/t-1} = \frac{\text{PIB nominal}}{\text{PIB real}} \times 100$$

5.2 Causas de la inflación

A continuación, examinaremos brevemente algunas de las explicaciones más habituales de este fenómeno.

- **Inflación por exceso de demanda**
  La inflación contiene un importante componente cíclico, ya que se asocia a los períodos expansivos de la economía. La fase de auge del ciclo supone un crecimiento de la demanda y una mayor presión sobre los precios. Cualquier factor que propicie un incremento en el consumo, en el gasto público, en la inversión y en las exportaciones, generará tensiones inflacionistas, especialmente si nos acercamos al nivel de plena utilización de los recursos productivos.

- **Inflación por exceso de dinero en circulación**
  Algunos economistas, denominados *monetaristas,* como Milton Friedman, consideran que la inflación es siempre y en todo lugar un fenómeno originado principalmente por el crecimiento incontrolado de la cantidad de dinero en circulación, ya que propicia un exceso de demanda de los agentes económicos. Un aumento de la oferta monetaria, que provoca un descenso del precio del dinero favorece un mayor consumo y más inversión, al existir más dinero o ser más barato conseguirlo.

- **Inflación de oferta o de costos**
  Los *shocks* de oferta suceden cuando la presión sobre los precios se origina por un encarecimiento de los factores productivos. Por ejemplo: elevación de los costos salariales, del costo del capital, de las materias primas o de los productos importados.

- **Inflación por causas estructurales**
  La existencia de algunos sectores productivos, que no son capaces de responder con un incremento de la producción a un rápido aumento de la demanda, puede ser el origen de alzas de precios en el resto del sistema productivo. Si, por ejemplo, se produce un súbito aumento en la demanda de un determinado producto alimenticio y el desarrollo tecnológico no permite un rápido incremento de la producción interior para satisfacer esa demanda, los consumidores dirigirán su demanda de alimentos al mercado exterior, y el resultado será una fuerte dependencia de los mercados foráneos.

Como consecuencia de todo esto, las subidas de precios de los mercados internacionales se traducen directamente en tensiones inflacionistas en el interior del país.

Un rápido crecimiento de la población y el consiguiente aumento de la demanda de esos productos producirán el mismo efecto inflacionista sobre los precios.

Desde el punto de vista de la oferta, los precios se elevarán en la medida en que haya menos agentes económicos dispuestos a vender. Es decir, que, en mercados con poca competencia, en mercados con aranceles y limitaciones a la importación, y en mercados con normativas que limiten la entrada de competidores, los precios subirán.

5.3   Efectos de la inflación

- **Reduce la competitividad de los productos del país**
  A largo plazo, un diferencial de inflación puede provocar pérdida de competitividad, pues los precios de los bienes y servicios propios resultan más caros que los de otros países competidores.

- **Dificulta la función informativa de los precios**
  Los precios transmiten la información necesaria para que quien desea consumir decida correctamente qué y cuánto debe adquirir, y para que las empresas calculen qué y cuánto deben producir. Si los precios están cambiando continuamente, dejan de cumplir su función informativa.

- **Erosiona el poder adquisitivo del dinero**
  La inflación erosiona el valor del dinero, pérdida que será tanto mayor cuanto mayor sea la inflación. Por tanto, necesitaremos más dinero para obtener la misma cantidad de bienes y servicios.

- **Afecta negativamente a las inversiones a largo plazo**
  El empresariado encontrará dificultades adicionales para prever los beneficios de su actividad debido a la incertidumbre sobre los precios futuros de los factores, los productos intermedios y los productos finales. Ante la sensación de inseguridad, las empresas reducirán sus inversiones a largo plazo.

- **Perjudica a los acreedores y favorece a los que tienen deudas**
  Los agentes acreedores se ven perjudicados (el que haya prestado dinero observará, cuando lo recupere, que lo que percibe tiene menos valor que lo que

prestó). En cambio, quienes tienen deudas se ven favorecidos (porque devuelven la misma cantidad, pero con un valor menor). Por ejemplo, el Estado, en la medida que es emisor de deuda, devolverá dinero de menos valor.

- **Encarece el precio nominal del dinero**
  Si una entidad bancaria presta 100 € a un año y quiere obtener un tipo de interés real del 5 %, solo exigirá un tipo de interés nominal del 5 % si confía en la estabilidad de precios. Por el contrario, si se diera una inflación del 12 % ese año y el tipo de interés nominal fuera del 5 %, al cabo del año el prestatario devolvería 105 €, que tendrían ahora un poder adquisitivo de 105 € : 1,12 = 93,75 €. En estas circunstancias, el banco cargará al cliente un interés adicional para cubrirse de la inflación.

5.4 Control de la inflación

De acuerdo con el análisis de las causas que producen inflación, se pueden determinar diferentes políticas para combatirla.

- **Inflación por exceso de demanda**
  En este caso, conviene adoptar medidas para reducir la demanda («enfriar» la economía). Por ejemplo, aumentar los tipos de interés o los impuestos, con recortes en los gastos públicos. Estas medidas favorecen el control de la inflación, pues pedir dinero prestado es ahora más caro y el Estado, por su parte, recortará sus gastos. Pero esto implica que la inversión empresarial, el consumo y el gasto público disminuirán, lo que ocasionará una disminución del PIB y un aumento del paro.

- **Inflación por exceso de dinero en circulación**
  La emisión de dinero debe controlarse mediante normas rigurosas de política monetaria, como las que en la Unión Europea derivan del Tratado de Maastricht (1992), que estableció la prioridad de la disciplina antiinflacionista a la hora de gestionar la política monetaria en la eurozona.

- **Inflación de oferta o de costos**
  Se combate con reformas estructurales y con el control de los costos de producción, por ejemplo, reduciendo los salarios. En este sentido, por ejemplo, el Gobierno de España ha congelado el salario a los funcionarios más de una vez en los últimos años. También en España, a finales de los años setenta y

comienzos de los ochenta del siglo xx, las negociaciones entre el Gobierno y las organizaciones patronales y sindicales permitieron la firma de una serie de acuerdos por los que se limitaba el crecimiento de los salarios.

- **Inflación por causas estructurales**
  Para provocar que los precios disminuyan, procede fomentar la competencia en los mercados de monopolio u oligopolio. Por ejemplo, permitir el acceso de nuevos competidores, crear organismos eficaces de defensa de la competencia y reducir los aranceles y las limitaciones a la importación.

6   Tipos de cambio

Una de las características del comercio internacional que lo diferencian del comercio interior es la utilización de monedas distintas para llevar a cabo las transacciones. Por ello, los pagos internacionales suponen el intercambio de la moneda de un país por la del otro.

El tipo de cambio puede expresarse de dos maneras: por el número de unidades de moneda extranjera que deben pagarse para comprar una unidad de moneda nacional o por el número de unidades de moneda nacional necesarias para adquirir una unidad de moneda extranjera. Así podemos decir, por ejemplo, que 1 euro cuesta 1,25 dólares o que 1 dólar cuesta 0,80 euros.

A pesar de que la cotización internacional de la moneda de un país se fija en los mercados de divisas, a veces son los respectivos gobiernos los que establecen el sistema en el cual se determina el tipo de cambio. Es decir, fijan las reglas a través de las cuales se establecerá el precio de su moneda.

La elección del sistema está sujeta al papel que el gobierno atribuya al mercado o al banco central, en tanto instrumento de intervención, en el proceso de determinación del tipo de cambio.

En este sentido, existen varios posibles sistemas de tipos de cambio y todos ellos oscilan entre dos casos extremos: tipos de cambio totalmente fijos y tipos de cambio totalmente flexibles.

6.1   Tipos de cambio fijos

El banco central o autoridad competente establece los tipos de cambio fijos, a través de su intervención en los mercados de divisas.

El banco central tendrá que comprar o vender moneda nacional para eliminar la posible diferencia con el mercado.

Por ejemplo, si se produce un exceso de demanda de moneda, el banco central comprará divisas en los mercados de cambios.

Si el banco central no puede hacer frente al mercado, se verá obligado a devaluar o revaluar la moneda (cambiar el tipo fijado artificialmente).

6.2 Tipos de cambio flexibles

Los tipos de cambio flexibles se determinan en los mercados de divisas de la misma forma que cualquier mercado determina el precio: por el juego de la oferta y la demanda. Es decir, si hay más demanda de euros que de dólares, el euro se apreciará frente al dólar.

En un sistema de tipos de cambio totalmente flexibles, el mercado determina el tipo de cambio sin la intervención del banco central.

Un exceso de demanda de divisas, debido a un aumento de las importaciones de bienes y servicios o como consecuencia de exportaciones de capital, provocará una depreciación de la moneda nacional.

Por el contrario, un exceso de oferta de divisas, por un aumento de las exportaciones de bienes y servicios debido a importaciones de capital, dará lugar a una apreciación.

6.3 Teorías explicativas de los tipos de cambio flexibles

En la actualidad se da una elevada movilidad internacional de capitales, en la que más del 95 % de las transacciones de divisas tienen su origen en operaciones financieras; por ello, los enfoques que resaltan los aspectos financieros tienen especial atractivo, mientras que los que se centran en los aspectos comerciales parecen propios de épocas pasadas en que las transacciones propiamente comerciales marcaban la pauta en los mercados de divisas.

6.4 La paridad del poder adquisitivo (PPA)

Las importaciones y exportaciones de bienes y servicios a escala mundial se comportan básicamente como mercados donde la principal fuerza dinámica es la satisfacción de las necesidades de los consumidores.

La teoría de la paridad del poder adquisitivo (PPA) establece la conexión existente entre tipos de cambio y precios de mercado. La idea que justifica la determinación de los tipos de cambio con base en la paridad del poder adquisitivo es sencilla: si una cesta de bienes cuesta 1 dólar en Estados Unidos mientras que en la eurozona cuesta 1,20 euros, es natural considerar una paridad o tipo de cambio de 1,20 euros por dólar. Cualquier paridad que se desviase notoriamente de esa originaría algún tipo de presión en el mercado de divisas. Por ejemplo: si por cualquier causa el dólar se cotizase a 0,60 euros en los mercados de divisas, saldría más a cuenta a los poseedores de euros transformar esa moneda en dólares para adquirir sus bienes en Estados

---

Cuadro 4.2. Cálculo sobre la paridad del poder adquisitivo (PPA)

Supongamos que el bien X se vende al precio de 8 $ por unidad en Estados Unidos y a 5 £ en el Reino Unido:

a) *¿Cuál sería el tipo de cambio de paridad ($/£), según la PPA?*

El tipo de cambio de paridad entre el $ y la £ es aquel que iguala el precio de X en los dos países cuando se valora en la misma moneda:

$$8 \ \$ \ / \ 5 \ £ = 1,6 \ \$/£$$

b) A partir de la información obtenida en el apartado a, suponiendo que el tipo de cambio de mercado es de 1,65 $/£ y que no existen costes de transacción ni barreras al comercio, *¿qué operaciones deberían realizarse para beneficiarse de esta oportunidad de arbitraje?, ¿qué beneficios se obtendrían por cada unidad del bien X?*

El bien X en Estados Unidos cuesta: 8 $
El bien X en el Reino Unido cuesta: 5 £ × 1,65 $/£ = 8,25 $

Por consiguiente, X resulta más barato en Estados Unidos que en el Reino Unido y un operador que quisiera aprovechar los beneficios de una operación de arbitraje actuaría de la siguiente forma:

Unidos, lo que daría lugar a importaciones como consecuencia de la sobrevaloración del euro respecto a lo indicado por la PPA.

En el cuadro 4.2 se muestra un ejemplo de cálculo de PPA.

6.5 Incidencia de los factores financieros

La fuerza motriz que activa los mercados financieros es la rentabilidad de las inversiones. Los movimientos de capitales, en especial los que se producen en el corto

1) Compraría 1 unidad de X en Estados Unidos a 8 $.

2) Desplazaría esa unidad (a coste cero) al Reino Unido.

3) Vendería la unidad de X en el Reino Unido a 5 £.

4) Convertiría las 5 £ a dólares: 5 £ × 1,65 $/£ = 8,25 $.

5) Beneficio de la operación de arbitraje: 8,25 $ – 8 $ = 0,25 $.

c) Asumiendo un correcto funcionamiento de los mecanismos y fuerzas en el mercado de divisas, *¿bajo qué fuerzas y en qué dirección variaría el tipo de cambio de 1,65 $/£?*

La realización de la anterior operación de arbitraje favorecería la aparición de las fuerzas del mercado, tales como un aumento de la demanda de dólares y de la oferta de libras esterlinas que provocaría una apreciación del $/depreciación de la libra esterlina hasta el tipo de cambio de paridad: 1,6 $/£.

plazo, están motivados por la rentabilidad esperada de las inversiones en determinados países, que a su vez dependen de:

- El tipo de interés ofrecido por los activos financieros en un país.
- Las expectativas de apreciación/depreciación del tipo de cambio.
- La respuesta a nuevas informaciones que llegan a los mercados.

Los inversores internacionales procuran adecuar en cada momento la composición de sus carteras de inversiones. Así, invertirán donde obtengan el mayor rendimiento, compatible con un determinado nivel de riesgo.

Si la rentabilidad esperada de invertir en euros supera a la de invertir en dólares, y las noticias económicas en Europa son favorables, el euro se demandará más y, por consiguiente, se apreciará.

La llegada de nuevas informaciones y el fuerte componente subjetivo de las expectativas de los operadores tienen un papel básico en los mercados, que en la práctica se traduce en la alta volatilidad de estos. La rentabilidad asociada a invertir en un activo financiero denominado en una moneda tiene dos componentes: el rendimiento vinculado al tipo de interés, y el rendimiento asociado a las ganancias (o pérdidas) derivadas de las revalorizaciones (o desvalorizaciones) de esa moneda.

6.6   Tipos de cambio mixtos

Normalmente, los países no dejan que sus monedas fluctúen libremente, ni tampoco las fijan irrevocablemente cuando alcanzan un precio determinado. En realidad, los regímenes existentes son sistemas intermedios o mixtos:

- **Flotación intervenida.** En este sistema, los tipos de cambio no son fijos, sino que pueden fluctuar. El banco central intervendrá en determinadas ocasiones para evitar fluctuaciones excesivas del tipo de cambio.
- **Tipo de cambio fijo pero ajustable.** En este sistema, los tipos de cambio son fijos durante un período, aunque, si surgen desequilibrios fundamentales en la balanza de pagos, el precio de la moneda puede fijarse a un nivel más alto o más bajo. Si este ajuste supone una reducción del precio, se tratará de una devaluación, y si el tipo de cambio alcanza un precio más elevado, se habrá producido una revaluación de la moneda.

- **Tipo de cambio dentro de una banda.** En este sistema, se determina una banda de variabilidad para el precio de la moneda. Así, el banco central dejará fluctuar la moneda dentro de unos límites, aunque intervendrá cuando el precio de la moneda tienda a rebasarlos. Se trata de un sistema de tipos de cambio fijos, pero con la flexibilidad que permita la amplitud de la moneda. Era el Sistema Monetario Europeo (SME) antes de la introducción del euro.

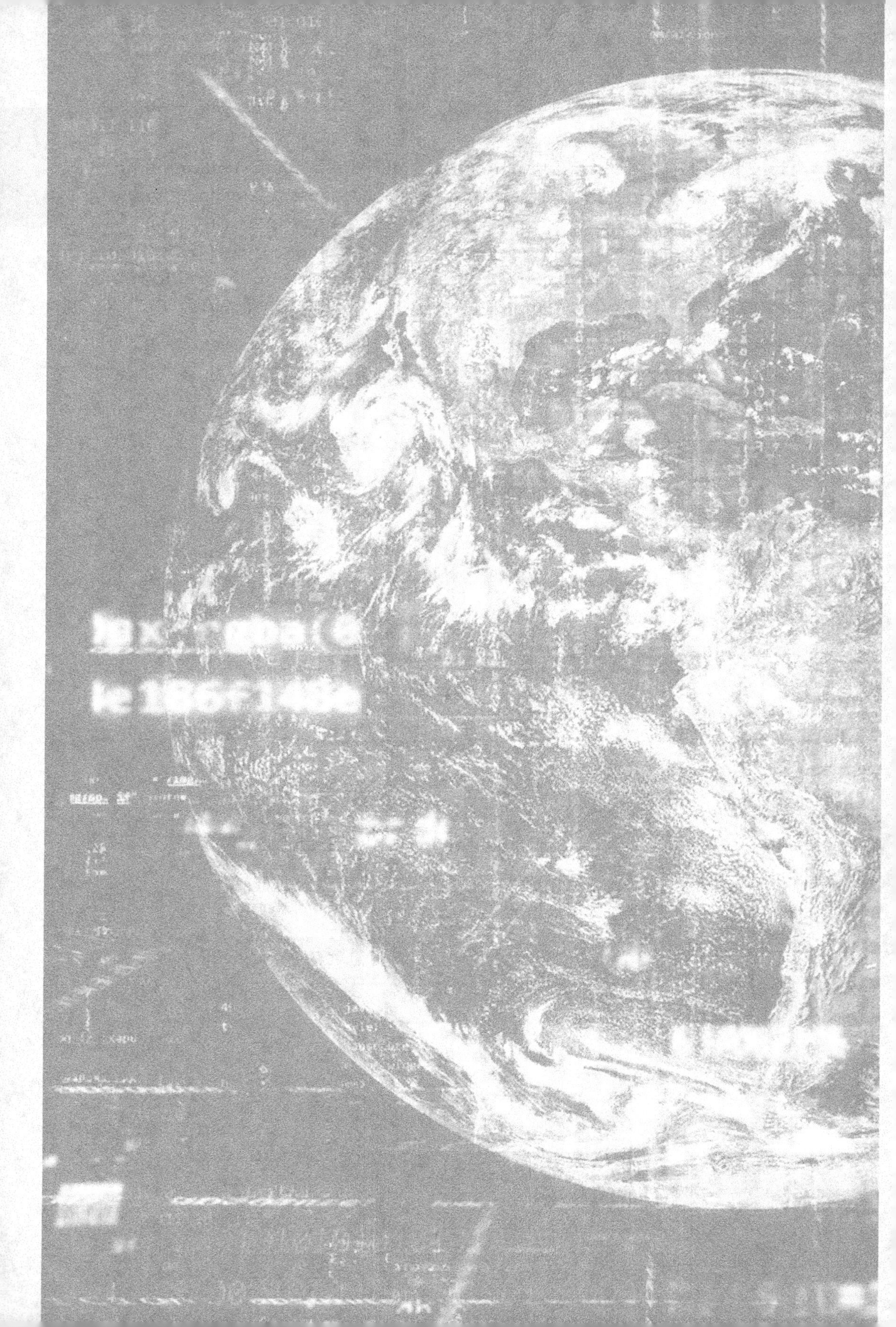

Análisis de casos del capítulo 4

Caso 4.1

Las oleadas de globalización

La globalización, definida como la integración a escala mundial de los mercados de bienes, servicios, capitales y personas, es un fenómeno que viene de muy lejos y que tiene todavía mucho margen de recorrido. La mayoría de estudios coinciden en que nos encontramos en las postrimerías de la llamada segunda oleada de globalización y que, en caso de que se produzca un nuevo impulso globalizador, podríamos entrar en la tercera oleada dentro de poco tiempo.

Cada oleada se asocia a un proceso de cambio tecnológico concreto: la primera discurrió entre 1870 y la Gran Depresión, y se asocia a la Revolución Industrial; la segunda abarcó desde el fin de la Segunda Guerra Mundial hasta la actualidad y se asocia a la revolución de las tecnologías de la información y la comunicación (TIC), y la tercera está condicionada por la revolución digital.

Cabe destacar que la globalización se halla actualmente en un punto de inflexión crucial, dado que se enfrenta a retos muy importantes de los cuales dependerá su evolución en los próximos años. Así, debemos tener presente que nos hallamos en una coyuntura bastante inestable y que es perentorio que se acometan los desafíos a los que se enfrenta si queremos transitar hacia una globalización fortalecida.

Elementos para la reflexión

¿Desglobalización o reglobalización?

El índice de la globalización elaborado por el Instituto Económico Suizo está en máximos históricos y tres de sus cuatro patas (bienes, capitales y personas, no así los servicios) también reflejan la magnitud del proceso globalizador.

Los flujos comerciales han ido aumentando, a pesar de una ralentización en estos últimos años atribuida a factores cíclicos (la recesión financiera de 2008 y la de la covid-19 de 2020) y estructurales (fragmentación de algunas cadenas de valor global), pero siguen exhibiendo niveles considerables. En cambio, los servicios continúan siendo la gran asignatura pendiente debido a que las trabas regulatorias siguen siendo elevadas en muchos sectores (como los servicios financieros y las telecomunicaciones). Muchos economistas han sugerido que se establezcan tratados de libre comercio más ambiciosos para impulsar el comercio en servicios, lo cual sería especialmente deseable toda vez que el cambio tecnológico está facilitando a muchos servicios exportarse e importarse con mayor facilidad. En cuanto a la pata financiera, esta muestra unos niveles muy elevados de integración.

La globalización en el ámbito de las personas también es clave y ha adquirido una gran importancia en el debate público por su impacto económico por el drama de la transmisión de la covid-19.

El gran reto de la globalización pasa inextricablemente por adoptar mecanismos que contribuyan a que el proceso de cambio tecnológico que estamos presenciando sea exitoso e inclusivo. Claramente, la crisis de la covid-19 y la revolución digital obliga a reformular el actual proceso globalizador: por un lado, la robotización puede reducir dramáticamente el ritmo de las deslocalizaciones (el costo de un robot representa el 10 % del costo de un empleado *onshore* frente al 35 % de un empleado *offshore),* pero, por el otro, la mayor escalabilidad de la producción a escala global puede generar la aparición de superempresas globales con potenciales efectos negativos sobre la competencia y también sobre el ritmo de innovación.

+i

El ahorro es un sacrificio

El ahorro no es un acto heroico, sino que constituye una abstención de consumo actual que tiene que ser recompensada: la retribución del ahorro debe permitir un mayor consumo futuro, puesto que, en caso contrario, desaparecerían los incentivos a este sacrificio. Porque... el ahorro es, en efecto, un sacrificio.

Por otra parte, el ahorro no es tampoco un acto filantrópico. Como muy ilustrativamente sugiere la lengua inglesa, que identifica «ahorrar» y «salvar» *(save)* en un mismo verbo, cada euro de ahorro es un euro que *se salva* del gasto de hoy para apuntalar el crecimiento y el empleo de mañana.

Otro reto es fortalecer las grandes instituciones globales (la OMS, el FMI y la OMC). La pandemia de la covid-19 requiere coordinación mundial en salud y un reforzado papel de la OMS. El FMI, por ejemplo, debería modernizar sus mecanismos de gobernanza corporativa para dar un mayor peso a las economías emergentes como China. Finalmente, la OMC debería desempeñar un papel más relevante a la hora de promover una integración más armónica de China en el comercio mundial.

Es importante recalcar que la globalización de las últimas décadas ha tenido un efecto agregado positivo: ha permitido salir de la pobreza a millones de personas en los países emergentes, y en las economías avanzadas ha generado ganancias de bienestar sustantivas gracias a que los consumidores han podido disfrutar de una cesta más variada de bienes de consumo y a precios más asequibles. Sin embargo, es de justicia añadir que, a pesar de estos beneficios, la globalización también ha perjudicado a algunos sectores concretos, por lo que lograr una mejor distribución de los beneficios globales es otro gran reto.

Peligro: inflación

La inflación es el enemigo público número uno de la economía. España mantiene desde hace tiempo una inflación demasiado elevada, que amenaza la competitividad y el empleo a medio plazo.

La ciencia económica recomienda actuar en cuatro frentes: liberalizar o aumentar la competencia, políticas presupuestarias y monetarias restrictivas para encarecer el tipo de interés y, por último, moderación de salarios y rentas. Dicho lo anterior, el Gobierno tiene margen para avanzar en la liberalización de sectores clave, que aún están fuertemente protegidos, y para restringir el gasto público previsto para el año que viene, aunque esto último no resulta conveniente para un país que aún necesita invertir mucho en infraestructuras. La política monetaria, en manos del Banco Central Europeo, juega en contra de España, porque no puede manejar los tipos de interés.

Así las cosas, no queda otro remedio que reducir o moderar los salarios como prácticamente único remedio a corto plazo para atajar la inflación.

→ Visita www.margebooks.com donde encontrarás más elementos para reflexionar sobre estos temas.

Recursos en internet

- **www.ine.es**
  Web del Instituto Nacional de Estadística (INE) con información sobre consumo de los ciudadanos. En el apartado sobre IPC, se pueden consultar datos sobre este índice interanual de los últimos doce meses en España, comparar el IPC actual con el de años anteriores o visionar diversos vídeos divulgativos sobre cómo se hace el cálculo tanto del IPC como del IPCA.

- **Dossier «10 años desde Lehman Brothers: lecciones de una crisis»**
  En Informe Mensual de CaixaBank Research (IM10, n.° 427, octubre 2018). Disponible en: http://www.caixabankresearch.com/sites/default/files/monthly_reports/_im_octubre_es.pdf

- **e-Konomía**
  Canal de YouTube sobre economía del diario *La Vanguardia*, con una *playlist* del economista Xavier Sala i Martin que contiene breves tutoriales sobre economía nacional, europea y mundial.

  Disponible en: https://www.youtube.com/playlist?list=PLDB42F9C6EEAE8D1E

Recursos web

En la web de Marge Books (www.margebooks.com) encontrarás otros recursos destinados al profesorado con ideas para trabajar el tema en clase. Son materiales didácticos gratuitos solo por registrarte.

El siguiente cuestionario o test de evaluación también permite valorar los conocimientos relacionados con el capítulo.

Cuestionario 4

1. La inflación en un país:
   a) Afecta positivamente a las inversiones de largo plazo.
   b) Favorece a quienes ahorran.
   c) Favorece a los deudores.
   d) Perjudica a un gobierno muy endeudado.

2. ¿En qué año comenzó a crecer de manera significativa el PIB del mundo?
   a) 1832
   b) 1492.
   c) 1075.
   d) 2008.

3. El PIB per cápita es un indicador de:
   a) Productividad de un país.
   b) Desigualdad en el reparto de la riqueza.
   c) La microeconomía de un país.
   d) Los pagos de un país frente al resto del mundo.

4. Entre otros, los riesgos de la deflación se concretan en:
   a) Las personas consumidoras deciden posponer sus compras.
   b) Los comercios tienen que subir el precio.
   c) Suben los salarios.
   d) Suben los impuestos.

5. La siguiente tabla presenta los datos básicos de una economía:

Año	Trigo (unidades físicas)	Hierro (unidades físicas)	Trigo (precio)	Hierro (precio)
Año 0	300	30	5	15
Año 1	290	31	6	20

   Qué afirmación es correcta:

   a) El PIB real del año 1 es de 1.950.
   b) La tasa de crecimiento del PIB real del año 0 al año 1 es de -1,79.
   c) El deflactor del año 1 es de 100.
   d) La tasa de inflación del año 1 respecto al año 0 es de 100 %.

6. Siguiendo con la tabla anterior:
   a) El PIB real del año 1 es de 1.915.
   b) La tasa de crecimiento nominal es del -1,79 %.
   c) El deflactor del año 1 es de 100.
   d) La tasa de inflación del año 1 respecto al año 0 es del 100 %.

7. Siguiendo con la tabla anterior:
   a) El PIB real del año 1 es de 1.950.
   b) La tasa de crecimiento real es del 21,02 %.
   c) El deflactor del año 1 es de 100.
   d) La tasa de inflación del año 1 respecto al año 0 es del 23,23 %.

8. La macroeconomía trata de:
   a) La fijación del precio de las peras.
   b) Estudia los fenómenos agregados, tales como el crecimiento del PIB, los ciclos económicos u otros.
   c) Una representación cuantificada completa, sistemática y detallada de la economía de un país, sus componentes y sus relaciones con otras economías.
   d) Las respuestas b y c son correctas.

9. El Gobierno de España utiliza los datos macroeconómicos del país para:
   a) Enriquecerse.

b) Diseñar las políticas fiscales.

c) Diseñar las políticas monetarias y estimular la economía.

d) Diseñar las políticas de tipo de cambio adecuadas para estabilizar la economía.

10. El PIB y las otras medidas utilizadas para calcular el producto y la renta nacional:

a) No son variables para medir la actividad económica total de un país.

b) No son útiles para mostrar cómo varía la actividad económica.

c) Deben interpretarse teniendo en cuenta sus limitaciones.

d) Sirven para cuantificar la economía sumergida.

11. Qué afirmación es correcta sobre el PIB:

a) No siempre mide de manera adecuada todo aquello que contribuye al bienestar humano.

b) Es equivalente a los impuestos.

c) Mide lo que produce la población nacional en el mundo.

d) Mide el costo de la vida.

12. Cualquier cambio en el PIB real refleja:

a) Los cambios en precios y cantidades.

b) Los cambios en el volumen físico de la producción.

c) Los cambios en los precios.

d) Los incrementos de costo de la vida.

13. La inflación...

a) Es el proceso en el que los precios de una economía decrecen a lo largo del tiempo.

b) Es el proceso en el que los precios de una economía crecen a lo largo del tiempo de forma continua y generalizada.

c) Se suele medir por el índice de costos laborales.

d) Muestra si nuestra economía crece más o no.

14. Es falso que:

a) Cada cierto número de años deben cambiarse las ponderaciones de los bienes y servicios incluidos en la elaboración del IPC porque los hábitos de consumo de las familias cambian. Por ejemplo, antes no se consumía telefonía móvil y ahora sí.

b) La inflación de los años setenta se explica por el encarecimiento de los precios del petróleo.

c) La invención de una máquina nueva aumenta drásticamente los costos de producción de las empresas.

d) Un incremento de la renta en Alemania y Francia aumenta la demanda de nuestras exportaciones.

15. Es falso que:

a) Si España importa videojuegos japoneses, contribuye a crear riqueza en Japón.

b) Si un país, como Kuwait, recibe elevados ingresos generados por sus negocios en el extranjero, es lógico que su PNB sea mayor que su PIB.

c) El PNB de España solo incluye la producción realizada en territorio español.

d) Una mayor tasa de inflación tiene implicaciones en términos de competitividad.

16. Uno de los efectos de la inflación es:

a) La pérdida de competitividad del país.

b) Que las personas no pueden gastar su renta disponible.

c) Que favorece el ahorro.

d) La bajada de precios.

---

17. La inversión depende fundamentalmente:
    a) De los tipos de interés y de las expectativas empresariales.
    b) Del Gobierno.
    c) Del Banco Central Europeo.
    d) Del ayuntamiento.

---

18. Objetivos macroeconómicos son:
    a) Crecimiento económico.
    b) Estabilidad de precios.
    c) Reducción del desempleo.
    d) Todas las anteriores son correctas.

---

19. El crecimiento económico:
    a) Es el principal determinante del nivel de vida de una sociedad.
    b) No aguarda relación con el PIB.
    c) Para medir el crecimiento económico utilizamos el nivel de paro exclusivamente.
    d) Para medir el crecimiento económico utilizamos únicamente la inflación.

---

20. La estabilidad de precios:
    a) No afecta a la política económica.
    b) Está provocada por la inflación.
    c) Los gobiernos estimulan la actividad económica para buscar el crecimiento sin aumentar los precios.
    d) Los gobiernos estimulan la actividad económica para buscar el crecimiento aumentando así los precios.

---

21. En relación con la estabilidad de los ciclos es correcto decir:
    a) Las fluctuaciones al alza a lo largo del tiempo se llaman ciclos económicos.
    b) Las fluctuaciones al alza y a la baja en la economía a lo largo del tiempo se llaman ciclos económicos.
    c) Las fluctuaciones a la baja en la economía a lo largo del tiempo se llaman ciclos económicos.
    d) Ninguna de las anteriores es correcta.

---

22. Una bajada en la actividad económica provoca:
    a) Un aumento de los salarios.
    b) Un incremento del paro.
    c) Un aumento en las ventas.
    d) No afecta a los gobiernos.

---

23. Qué instrumentos tiene el Estado para conseguir los objetivos macroeconómicos:
    a) Política fiscal.
    b) Política monetaria.
    c) Política del tipo de cambio.
    d) Todas las anteriores son correctas.

---

24. El PIB de un país incluye:
    a) El trabajo de un ama de casa.
    b) El trabajo de un lampista que no cobra IVA.
    c) La contaminación producida por una central nuclear.
    d) La depuración del agua por parte de un servicio municipal.

---

25. El PIB de España:
    a) Incluye todo lo que se ha producido en las fronteras nacionales en un año.
    b) Incluye todo lo que han producido los ciudadanos nacionales en un año.
    c) Incluye todo lo que se ha producido en el país menos lo que han comprado los extranjeros en un año.
    d) Las respuestas b y c son correctas.

---

26. El PIB de un país no incluye:
    a) El pago del recibo de la electricidad.
    b) La venta de leña de un bosque.

c) La compra de un coche de segunda mano.

d) El valor de la gasolina consumida por un coche.

---

27. El PNB en España:

a) Incluye los beneficios de las empresas españolas que operan en Argentina, mientras que el PIB español no tiene en cuenta estos beneficios.

b) No incluye los beneficios de las empresas españolas que actúan en Argentina.

c) No incluye los beneficios de las empresas españolas que operan en Argentina, mientras que el PIB español sí los incluye.

d) Ninguna de las respuestas es correcta.

---

28. El instrumento designado para medir y ofrecer una representación cuantificada agregada, completa, sistemática y detallada de la economía de un país, sus componentes y sus relaciones con otras economías es:

a) La contabilidad nacional.

b) La política fiscal.

c) La política de oferta.

d) El PIB.

---

29. Qué define el valor de los bienes y servicios finales generados por una economía en el interior de las fronteras de un país, en un período determinado:

a) PNB.

b) PIB.

c) Valor añadido.

d) Contabilidad nacional.

---

30. Qué define el valor monetario total de los bienes y servicios finales generados por los residentes de un país en un periodo determinado, normalmente un año, independientemente del sitio donde se lleve a cabo la producción (por tanto, esta actividad se puede desarrollar tanto dentro como fuera de las fronteras de un país):

a) PNB.

b) PIB.

c) Contabilidad nacional.

d) RNR.

---

31. La expresión bienes y servicios finales indica:

a) Que no se puede obtener el producto nacional mediante la suma del valor de los bienes y servicios producidos, sino tan solo los bienes finales acabados.

b) Que es posible obtener el producto nacional mediante la suma del valor de los bienes y servicios producidos.

c) Que no solo se tienen en cuenta bienes y servicios finales acabados.

d) Ninguna de las anteriores es correcta.

---

32. Completa la siguiente afirmación. El ____________ del producto de una empresa es el valor de este producto menos el valor de los factores de producción adquiridos en otras empresas.

a) Valor bruto.

b) Valor interior.

c) Valor añadido.

d) Ninguna de las anteriores es correcta.

---

33. Qué es sinónimo de valor añadido:

a) Valor bruto.

b) Valor interior.

c) Valor neto.

d) Valor económico.

---

34. Cómo se calcula el PIB:

a) Método del producto.

b) Método de la renta.

c) Método del gasto.
d) Todas las anteriores son correctas.

35. El método del producto:
   a) Consiste en sumar el valor de todo lo que se produce en la economía durante un año.
   b) Se basa en la suma de todas las rentas que perciben las familias como retribución por la participación de los factores productivos que tienen.
   c) Se calcula sumando todos gastos en bienes y servicios finales que han efectuado los consumidores, las empresas y el sector público.
   d) Ninguna de las anteriores es correcta.

36. El gasto que llevan a cabo las economías domésticas para afrontar sus necesidades concretas se denomina:
   a) Consumo.
   b) Inversión.
   c) Gasto público.
   d) Exportación neta.

37. La diferencia entre exportaciones e importaciones se denomina:
   a) Exportación neta.
   b) Importación neta.
   c) Exportación bruta.
   d) Importación bruta.

38. Qué equivale al gasto de las empresas en bienes de capital, es decir, en bienes de producción que se utilizaran para obtener nuevos bienes y servicios, más el gasto de las familias en viviendas.
   a) El consumo.
   b) La inversión.
   c) El gasto público.
   d) La exportación neta.

39. ¿El PIB indica el bienestar de un país?
   a) No. El PIB no es un indicador fiel del bienestar.
   b) Sí. Es un indicador fiel del bienestar de la población.
   c) A través del PIB podemos conocer el crecimiento económico y, en consecuencia, el bienestar de un país.
   d) Ninguna de las anteriores es correcta.

40. El índice más utilizado para valorar la variación del nivel de precios porque acoge todos los bienes y servicios producidos en el conjunto de la economía es el:
   a) PNB.
   b) Deflactor del PIB.
   c) PIB real.
   d) PIB nominal.

 **Véanse las respuestas en la página 185.**

También se puede cumplimentar el test de autoevaluación en este enlace QR.

Capítulo 5
Políticas económicas

Además de las políticas de regulación (disposiciones legales y administrativas, etc.), los Estados disponen de cuatro herramientas de política macroeconómica: la política *fiscal,* que incide sobre los ingresos y gastos públicos; la política *monetaria* dirigida al control de las condiciones monetarias y financieras de la economía, como los tipos de interés, la disponibilidad de créditos, etc.; la política *cambiaria* que juega con el tipo de cambio del euro con otras divisas y está transferida a las autoridades de la eurozona, y finalmente las políticas *de oferta,* que inciden sobre la productividad de las empresas, la innovación y el crecimiento. Las autoridades económicas pretenden alcanzar sus objetivos macroeconómicos, como limitar las fluctuaciones cíclicas de la economía, reducir el desempleo y promover un crecimiento económico no inflacionista mediante las políticas económicas.

1 Ciclos económicos

En la actividad económica es fácil observar la existencia de períodos de bonanza, en que los negocios marchan bien y se crean nuevos empleos, contrapuestos a otros períodos de crisis, en los que muchas empresas sufren pérdidas y se ven obligadas a cerrar o a reducir su plantilla. Podemos observar períodos con una tasa de crecimiento positiva y otros en los que la tasa de crecimiento llega incluso a ser negativa. Estos períodos se denominan *ciclos económicos.* En ocasiones, los gobiernos manifiestan que su política dará lugar a un crecimiento estable que acabará con los vaivenes de la economía. Con todo, la macroeconomía ha contribuido a poner en práctica políticas económicas que suavizan las fluctuaciones económicas.

Los ciclos económicos suelen tener cuatro fases: recesión, fondo, recuperación y auge.

- **Recesión.** Una recesión es un descenso del ritmo de la actividad económica. En las economías modernas es más frecuente que se observe periódicamente una desaceleración del ritmo de crecimiento de la actividad económica respecto a su trayectoria a medio o largo plazo.
- **Fondo.** Una recesión anormalmente profunda se denomina *crisis* y está caracterizada por un elevado desempleo y un bajo nivel de demanda con relación a la capacidad productiva de la economía. De este modo, existe una cantidad sustancial de capacidad productiva sin utilizar. Los beneficios de las empresas son pequeños e, incluso, algunas de ellas sufren pérdidas o quiebran. No hay confianza en las perspectivas económicas a corto plazo y, consecuentemente, las empresas no quieren arriesgarse realizando nuevas inversiones.
- **Recuperación.** La recuperación empieza cuando mejoran las expectativas sobre el clima económico. Se pasa del pesimismo al optimismo. Las empresas comienzan a vender y el empleo, la renta y el gasto de los consumidores empiezan a crecer. Como resultado de los incrementos de las ventas y los beneficios, mejoran las expectativas de las empresas y se acometen las inversiones paralizadas.
- **Auge.** Un auge o *boom* es el punto culminante de una recuperación de un ciclo. En este punto álgido, la capacidad productiva existente se utiliza casi en su totalidad; puede faltar mano de obra, especialmente la muy cualificada, así como materias primas esenciales. A medida que se produce escasez en un mayor número de mercados, se origina un exceso de demanda generalizado. Los costos aumentan, pero el incremento paralelo de los precios permite que los negocios sigan siendo rentables.

Una expansión rápida no puede durar indefinidamente, ya que, tarde o temprano, se alcanzará el techo en la utilización de algunos recursos. Esto ocurre cuando las empresas no pueden contratar nuevos trabajadores procedentes de otras empresas, salvo que les ofrezcan salarios mucho más elevados. La inflación comenzará a aumentar y las autoridades monetarias subirán los tipos de interés o las empresas recortarán sus inversiones, anticipándose a un cambio de tendencia.

Las crisis o recesiones también tienen un final. Las empresas pueden dejar para más adelante la realización de sus inversiones y disminuir sus existencias; los consumidores pueden posponer sus compras, por ejemplo, de ropa y coches nuevos. Pero llegará el momento en que algunas compras ya no podrán aplazarse durante más tiempo. Entonces, incluso un incremento modesto de las ventas puede restaurar el clima de confianza.

1.1 Teorías explicativas del ciclo económico

Cuando la agricultura era la principal actividad económica, los ciclos se originaban normalmente por causas meteorológicas o también por la incidencia de las plagas. En las economías industriales, los ciclos económicos son el resultado de causas más complejas para cuya explicación se aducen diferentes motivos.

El economista ruso Nikolái D. Kondrátiev (1892-1931) explicó la existencia de ciclos largos derivados del ciclo tecnológico. Así, señaló que algunos descubrimientos científicos clave permiten el desarrollo de nuevas tecnologías, que estimulan fuerte mente la inversión, la demanda y el empleo.

El papel de las innovaciones como fuerza dinámica generadora de ciclos fue destacada también por J.A. Schumpeter. Según él, el empresario innovador se adelanta al resto de los competidores mediante la introducción de cambios tecnológicos que contribuyen a impulsar la actividad económica. Los inventos atraen a imitadores y así se movilizan los recursos productivos. La expansión tendrá su fin cuando cesen las invenciones asociadas a la innovación, una vez que esta se ha generalizado.

N.D. Kondrátiev (1892-1931).

Las tecnologías innovadoras han permitido mejoras de la productividad en forma de oleadas. Mientras los nuevos productos se hacen accesibles a un número cada vez mayor de personas en nuevos países, el ciclo continuará su fase expansiva.

Cuando los mercados estén saturados, se detendrá la inversión, cerrarán empresas y se producirá la recesión a la espera de una nueva ola tecnológica. Este es el caso de la irrupción del ordenador personal a finales del siglo xx.

Las fluctuaciones de la economía se explican muchas veces porque los individuos se contagian unos a

J.A. Schumpeter (1883-1950).

otros las expectativas optimistas o pesimistas. En ocasiones, las previsiones pueden llegar a cumplirse si se producen desplazamientos fuertes de opinión.

Por ejemplo, si un número suficiente de personas piensa que el precio de unas acciones va a subir, comprarán dichas acciones masivamente, y estas compras harán subir los precios. Si, por otra parte, un número suficiente de personas piensa que el precio de las acciones va a bajar, intentarán vender las que poseen cuanto antes provocando que caigan los precios de esos títulos.

Existen ciclos basados en el tipo de interés y en la evolución del crédito. Los tipos de interés reducidos pueden ofrecer a los empresarios oportunidades de lograr ganancias con nuevos negocios, lo que justifica que incrementen la demanda de crédito. Pero ante un exceso en la demanda, con el tiempo, las entidades financieras aumentarán los tipos de interés, lo cual contribuirá a iniciar el proceso descendente del ciclo. También, políticas expansivas o contractivas del crédito conducen a estos resultados.

Ciertos elementos externos al sistema económico (guerras, revoluciones, movimientos migratorios masivos, etc.) sirven asimismo para explicar determinadas fluctuaciones cíclicas.

1.2   Otras cuestiones sobre el ciclo económico

Una vez iniciado un movimiento de expansión o de contracción, este tiende a desarrollar su propia dinámica impulsado por dos factores:

- **El proceso multiplicador.** En efecto, tan pronto como empieza la recuperación del ciclo, algunas personas en situación de desempleo vuelven a encontrar trabajo. Con la renta que consiguen pueden adquirir bienes de consumo que no podían comprar cuando estaban parados.

  Esta demanda nueva origina un incremento en la producción y crea puestos de trabajo para otros ciudadanos en situación de paro. A medida que crece la renta, la demanda crece; a medida que crece la demanda, la renta aumenta. En un movimiento de recesión ocurre justo lo contrario: el desempleo de un sector provoca una caída en la demanda de productos de otros sectores, lo que ocasiona una caída adicional del empleo y de la demanda.

- **El acelerador.** La idea del acelerador se basa en relacionar la demanda con la inversión en bienes de capital. Si hay una demanda que se espera que persista, y que no puede ser satisfecha incrementando la producción a partir del equipo existente, entonces hará falta construir nuevas plantas y equipos. Si el *stock* deseado de bienes de capital aumenta, existirá un *boom* de inversión mientras se están produciendo los nuevos bienes de capital. Cuando en 1986 España entró en la UE, funcionó este mecanismo.

Es decir, cuando la demanda y la producción empiezan a crecer, los empresarios esperan aumentos adicionales de ventas y el gasto en inversión crece muy rápidamente. Además, cuando se alcanza el pleno empleo de la capacidad existente, la inversión nueva se convierte en uno de los pocos caminos disponibles para que las empresas puedan aumentar su producción.

Dado que la mayoría de economías actuales son abiertas e interdependientes, los ciclos se transmiten entre países vía exportaciones e importaciones. Así, una recesión iniciada en Estados Unidos puede llegar a reducir la exportación de carne argentina, de coches alemanes o de aceite español. Y al reducirse la demanda mundial de productos de un país, este también puede entrar en crisis.

En los últimos tiempos disponemos de estudios que detectan una mayor sincronización de los ciclos entre países y regiones de la economía mundial.

2 El papel del sector público en la economía

Hasta el primer tercio del siglo xx, la intervención pública en la economía solía limitarse al papel de un Estado liberal, responsable de unos bienes y servicios públicos básicos (como defensa, orden público, administración de justicia, etc.).

A raíz de la crisis de la década de 1930, como consecuencia de la insuficiencia de las respuestas de los mercados y de la consolidación de planteamientos políticos que hacían recaer en los poderes públicos más responsabilidades en materia de protección social y redistribución de la renta, los Estados van asumiendo más tareas y funciones en ámbitos económicos y sociales.

Todo ello configura, de forma notable en Europa Occidental, el denominado Estado del bienestar, a veces interpretado como una especie de pacto social entre los poderes públicos y la ciudadanía, en el que, a cambio de mayores impuestos, los Estados asumen compromisos ante sus ciudadanos en materia de estabilidad económica y protección social.

Más recientemente, han surgido reacciones para limitar el papel del sector público, presentado, en algunas ocasiones, como un lastre para la obtención de recursos por parte del sector privado y, en otras, como generador de regulaciones burocráticas excesivas, limitadoras de la iniciativa empresarial y social. Esto se ha traducido en políticas de privatización (empresas que eran públicas pasan al sector privado) o en limitaciones del déficit público.

En definitiva, en las sociedades actuales, conviven en dosis muy diversas el sector privado, en el que domina la libre iniciativa y el juego de los mercados, y un sector público compuesto de diversas administraciones que regulan y gestionan presupuestos públicos, es decir, perciben impuestos y realizan gastos en diversos ámbitos.

En 1936, J.M. Keynes, economista inglés, profesor de la Universidad de Cambridge, publicó su *Teoría general de la ocupación, el interés y el dinero,* el libro que, sin duda alguna, ha ejercido más influencia sobre la ciencia económica actual. Keynes fue un defensor de la intervención del Estado en la economía.

J.M. Keynes (1883-1946).

Podemos sistematizar varios argumentos que pueden legitimar intervenciones públicas en economía:

- Establecer y hacer cumplir las reglas de juego. Así, mediante leyes y reglamentaciones administrativas, el Estado regula el buen funcionamiento de la economía del país. Cabe destacar, entre ellas, las disposiciones que defienden la propiedad privada y las que protegen la libre competencia en los mercados.

  El Estado también fija normas de protección de los consumidores en ámbitos tan diversos como la sanidad, la vivienda, el medio ambiente o la educación. Asimismo, regula la actividad industrial y la de ciertos profesionales.
- Alcanzar la eficiencia económica cuando se producen fallos en el mercado. Corregir los fallos del mercado significa que el mercado por sí mismo no suministra determinados bienes y servicios públicos y que existen externalidades de ciertas actividades económicas que afectan positiva o negativamente a otros agentes.
- Lograr una sociedad más equitativa y cohesionada. Asegurar una mayor equidad social significa redistribuir la renta que se genera en la economía hacia los sectores más necesitados, tanto en lo que se refiere a personas o grupos como a regiones económicas. Con este fin, el Estado recurre, sobre todo, a determinados instrumentos fiscales: los impuestos, el gasto público y los pagos de transferencias.
- Suavizar las fluctuaciones excesivas de las variables macroeconómicas más significativas, tales como el PIB, el nivel de empleo o el nivel de precios, mediante políticas de estabilización.

3 Política fiscal

Las decisiones que afectan al volumen de los ingresos y los gastos públicos constituyen un importante instrumento a disposición de los gobiernos para modificar la demanda agregada de la economía, directamente, mediante compras de bienes y servicios, o indirectamente, a través de cambios en los impuestos y en los pagos por transferencias.

La política fiscal cobra importancia después de la Segunda Guerra Mundial, al imponerse la idea keynesiana de la actuación estabilizadora –también denominada anticíclica– sobre la demanda agregada. El principio del equilibrio presupuestario se ve relegado por la urgencia de restablecer la actividad y el empleo.

Cuando hay paro, un aumento de cualquiera de los componentes autónomos de la demanda agregada, es decir, de los componentes que no dependen de la renta, como el gasto público, producirá un incremento de la producción. En los casos en que la recesión económica proceda, por ejemplo, de una reducción de la inversión privada, una elevación del gasto público puede mantener estable el nivel de demanda agregada.

Si en esta situación aumenta el gasto público, se incrementará la producción de aquellos bienes o servicios en que recaiga el nuevo gasto: por ejemplo, un nuevo hospital o una nueva autopista. Esto ocasionará un aumento de la renta, la cual, en mayor o en menor medida, será utilizada por las familias para elevar su gasto.

Este mayor consumo, inducido por el aumento de la renta, generará, por su parte, un alza en la cantidad de bienes y servicios producidos, así como en la renta que perciben las familias que han participado en la producción. Esta renta se transformará de nuevo en más gasto y en una mayor producción y renta, a través del mecanismo multiplicador.

Por el contrario, si la economía está experimentando presiones inflacionistas, los gobiernos tratarán de aplicar una política, mediante contención o reducción del gasto, de disminución de las transferencias o elevación de impuestos, que desaconseje el consumo.

3.1 Tipos de política fiscal

La política fiscal expansiva consiste en una disminución de los impuestos, en un aumento de gastos finales o de las transferencias, con el fin de elevar la producción y el nivel de empleo. Esta política fiscal suele aplicarse en épocas de recesión para acelerar el crecimiento económico y reducir el paro.

La política fiscal contractiva, por el contrario, busca «enfriar» la economía (pues se entiende que está «recalentada» cuando los recursos se utilizan al límite o por encima de su capacidad normal y aparecen presiones inflacionistas), lo que requiere menos gastos o más impuestos. Esto originará una reducción de la demanda agregada y disminuirá la presión sobre los precios.

La política fiscal también se utiliza para alterar la oferta agregada. En efecto, mediante la reducción de los tipos de determinados impuestos se puede incentivar la inversión, la iniciativa empresarial y la asunción de riesgos. Por otra parte, a través de subvenciones se estimularía el gasto en formación y en I+D+I.

3.2 Estabilizadores fiscales automáticos

Buena parte de los ingresos y gastos públicos están sujetos a reglas más o menos automáticas que dan estabilidad al marco social y económico. Por ejemplo, la legislación del impuesto sobre la renta establece qué proporción de la renta deberá pagarse y, por tanto, la cantidad efectiva que cada contribuyente debe ingresar resultará de aplicar esos criterios a los ingresos de cada año.

O, análogamente, establecido el tipo impositivo del IVA, los ingresos que obtenga el sector público dependerán del volumen de negocios. Y lo mismo sucederá con los gastos por prestaciones de desempleo que dependerán de la evolución de las cifras de paro en la economía.

Todos estos mecanismos tienen una propiedad común: cuando aumenta el nivel de actividad económica, los ingresos fiscales tienden a aumentar de forma automática, mientras que los gastos en transferencias tienden a disminuir.

Y cuando la actividad económica empeora, se reducirán los ingresos impositivos de forma automática, al tiempo que crecerán los gastos en transferencias para compensar la evolución de la economía.

Estos mecanismos del sistema fiscal se denominan *estabilizadores automáticos*. Los estabilizadores fiscales automáticos son instrumentos normativos que ejercen mecánicamente, sin necesidad de modificación, su función anticíclica. Por ejemplo:

- Los impuestos proporcionales y progresivos actúan como estabilizadores automáticos, ya que, si en una recesión empiezan a disminuir las rentas de las familias, las recaudaciones también disminuyen.
- Los gastos en subsidios también actúan como estabilizadores automáticos, pues aumentan en caso de recesión y disminuyen en momentos de expansión.

3.3 Eficacia de la política fiscal

Tres posibles limitaciones a la eficacia de la política fiscal son:

- La financiación del nuevo gasto mediante deuda pública, por ejemplo, puede requerir el alza del tipo de interés (para conseguir que los inversores acepten adquirir la nueva emisión de deuda), lo cual puede retraer la inversión privada y contrarrestar el efecto positivo del multiplicador del gasto público.
- Un incremento del gasto público, cuando la economía se encuentra en un tramo casi vertical de la curva de oferta agregada, se traduce en inflación más que en incremento de la producción o el empleo.
- Los retrasos en el reconocimiento de la existencia de un cambio de coyuntura y en la adopción de las medidas políticas oportunas reducen o invalidan el efecto corrector.

4   La política monetaria

La política monetaria tiene el propósito de regular la cuantía y el costo de los recursos financieros de una economía. Actúa influyendo sobre los tipos de interés y sobre el volumen de dinero o crédito de la economía.

La política monetaria será expansiva o contractiva según los efectos de estímulo o de contracción de la demanda agregada que provoque.

La política monetaria será expansiva si, por ejemplo, reduce los tipos de interés que bajen el costo de financiar proyectos de inversión o abarate el costo de endeudarse para las familias.

Sería lo aconsejable, en principio, si la actividad económica estuviera deprimida y el desempleo fuese elevado. Para ello, el banco central aumentaría la oferta monetaria para reducir el precio del dinero y así elevaría la demanda agregada, el crecimiento económico y el nivel de empleo.

La política monetaria será contractiva si conduce a elevaciones de los tipos de interés que desanimen el gasto y la inversión o dificulten al acceso al crédito. Esta política sería en principio recomendable si el problema básico fuese la inflación. Para ello, el banco central frenaría la tasa de crecimiento de la cantidad de dinero, aumentaría el precio de este y reduciría así la demanda agregada.

Es decir, una política antiinflacionista se expresaría a través de una contracción monetaria que tendería a subir el tipo de interés, de modo que empeorarían las condiciones crediticias y se reduciría la demanda de préstamos para financiar el gasto. Las empresas limitarían la demanda de bienes de inversión, también lo harían las administraciones públicas y las familias gastarían menos. Esta reducción de la demanda frenaría la subida generalizada de los precios.

4.1 Efectividad de la política monetaria

Los canales a través de los cuales la política monetaria afecta a las variables más relevantes de la economía, como el nivel de actividad económica y los precios, componen el mecanismo de transmisión de la política monetaria.

Cuando el Banco Central Europeo (BCE) reduce los tipos de interés de referencia, que son los tipos a los que el BCE está dispuesto a facilitar liquidez a los bancos, la relajación del acceso a la financiación hace que los bancos expandan la concesión de créditos.

Esto es así siempre que las expectativas acerca del futuro de la actividad económica sean optimistas. Como la concesión de créditos permite financiar con más facilidad proyectos de inversión o los gastos de las familias sensibles al tipo de interés (como la compra de una vivienda), la demanda agregada aumentará.

Este desplazamiento de la demanda agregada se traducirá en estímulo de la actividad económica y, parcialmente, en elevación de precios (en especial, si ya estamos en una situación de plena ocupación y, por tanto, inflacionista).

5 Política cambiaria

Una de las características del comercio internacional que lo diferencian del comercio interior es la utilización de monedas distintas para llevar a cabo las transacciones. Para realizar transacciones internacionales, las personas deben vender una divisa y comprar otra. Los mercados de divisas son canales institucionales a través de los cuales se realizan esas compras y esas ventas.

Las *devaluaciones* que hacen los gobiernos o bancos centrales en tipos de cambio fijos o propiciar las *depreciaciones* en tipos cambiarios flexibles de una moneda son un instrumento de política económica muy utilizado para influir en las relaciones comerciales entre los países. Con ellas se abaratan las exportaciones y se encarecen las importaciones, aumentando la competitividad del país que devalúa. Este sistema es utilizado por un amplio grupo de países, sobre todo del grupo en vías de desarrollo.

Son objeto de transacción en el mercado de divisas todo el dinero legal y los medios de pago expresados en moneda extranjera:

- La importación de bienes y servicios, la compra de activos financieros extranjeros y la salida de turistas a países con otra moneda generan demanda de divisas.
- La exportación de bienes y servicios, la compra de activos financieros de nuestro país y la entrada de turistas de otros países generan oferta de divisas.

Las divisas se compran y se venden en el mercado:

- Para efectuar los pagos de las transacciones comerciales.
- Para obtener rentabilidad comprando y vendiendo activos financieros, anticipándose a las variaciones en el tipo de cambio (esto es, especular).
- Para hacer turismo.

Una vez establecida la oferta y la demanda de una divisa, puede determinarse el tipo de cambio. Las alteraciones del tipo de cambio dependen de las variaciones en la demanda de bienes, servicios y activos financieros. Al igual que en cualquier otro mercado, la oferta y la demanda de divisas conforman un precio de equilibrio. El precio de equilibrio en este mercado es precisamente el tipo de cambio.

Una vez establecida la paridad de una moneda, las variaciones en el tipo de cambio se expresan de la siguiente forma:

- Una moneda nacional se deprecia cuando aumenta la cantidad que hay que entregar para adquirir una unidad de una moneda extranjera.
- Una moneda nacional se aprecia cuando disminuye la cantidad que hay que entregar para adquirir una unidad de una moneda extranjera.

6 Políticas de oferta

Las medidas liberales o neoclásicas apuestan por el crecimiento y la estabilidad: tipos de interés reducidos y un marco estable con precios controlados que favorezcan la creación de empresas y la venta de productos (competitividad).

Además, para aumentar el crecimiento y la demanda de trabajadores se apuesta por medidas que mejoren la productividad como puede ser mediante una mejora de la educación, la robotización y digitalización de las empresas, y por medidas que disminuyan los costos de las empresas, ya sean logísticos, salariales o de cualquier índole.

Por ejemplo, con nuevas infraestructuras para trenes de mercancías se reducen los costos en logística o con reducción de las contribuciones empresariales a la seguridad social se reducen los costos laborales de las empresas.

Si se pretende crear empleo de calidad y no perder a medio plazo la batalla de la competitividad, se requiere una política económica apoyada sobre la base de tres grandes líneas de actuación inversora: las infraestructuras, la educación y la I+D+I. Sin embargo, no es solo una cuestión de inflar partidas presupuestarias, sino de un profundo cambio de mentalidad a todos los niveles: administraciones, empresariado y ciudadanía.

Análisis de casos del capítulo 5

Caso 5.1

Política económica en China

Tras su apertura al comercio exterior y convertirse en una gigantesca máquina orientada a la exportación, China se ha convertido en el país con más reservas en divisas internacionales, que constantemente están en aumento. Por lo tanto, China ya no es solo la fábrica del mundo, sino también es su mayor banquero. Las fases u orígenes de la acumulación de estas reservas están en su modelo de expansión comercial, que sigue las siguientes fases:

1 Deslocalización masiva de capital chino (tanto humano como monetario). En este sentido se especifica la rápida localización de población china por todo el mundo, cuyo objetivo es claro, afianzarse en el territorio y competir con los productos nacionales a través de productos chinos, a precios realmente competitivos.

2 Desindustrialización masiva (poder industrial). Como consecuencia de lo anterior, los productos chinos saturan el mercado, convirtiéndose en líderes (por precios competitivos y bajo costo laboral), y cuya consecuencia es una desindustrialización masiva nacional, que ve debilitada su industria porque no puede competir con los cánones chinos, así como el eventual aumento de los costos para el capital humano nacional. Como consecuencia de ello, las empresas chinas y no chinas *(joint venture)* instauradas por todo el mundo, ingresan dinero del territorio, que incorporan a bancos chinos, aumentando de este modo las reservas de divisas internacionales en China.

   Por tanto, para entender cómo China ha conseguido estos niveles de reservas en divisas internacionales debemos entender cómo ha montado esta red de distribución de productos chinos a escala mundial. Gracias a esta red de distribución de productos chinos y la creciente importancia de estos en los países de Occidente, aumenta (incondicionalmente) sus exportaciones, lo que a su vez atrae inversión.

Las ideas que deben quedarnos claras son que, por un lado, el empresariado *chino* crea empresas *chinas* en el extranjero, que emplean a población *china* para vender productos *chinos* que se fabrican *en China.* Por otro lado, los ingresos que estas empresas obtienen son incorporados a bancos *chinos,* con lo que estos aumentan continuamente sus reservas en divisas internacionales (poder financiero).

Ante este escenario, es fácil interpretar cómo ha crecido China. Desde finales de los años noventa, este país consigue consolidar su crecimiento a través de sus exportaciones; China se va convirtiendo así en la fábrica del mundo (crea superávits comerciales con los demás países) y atrae a un gran número de industrias deslocalizadas, consiguiendo mantener un tipo de cambio fijo con el dólar dados los aumentos experimentados en su productividad y tasas de ahorro, así como el incremento de la demanda de importaciones de los demás países (en consecuencia, el tipo de cambio real efectivo chino mejora enormemente).

En cuanto a su competitividad, se podría afirmar que en China la *devaluación competitiva* tiene rango de política económica. Dado que los superávits comerciales conducen a una apreciación de la moneda china y ello choca claramente con el objetivo de mantener un tipo de cambio fijo con el dólar y otras monedas, China manipula los mercados cambiarios con el fin de mantener una ventaja comercial competitiva (a través de políticas monetarias expansivas, cuyo objetivo fundamental es la depreciación encubierta de sus monedas).

Entonces, esta depreciación competitiva podría provocar una «guerra de divisas» encubierta. Es evidente que por sus volúmenes de crecimiento a escala mundial y su importancia en el escenario internacional, no tiene sentido que la moneda china se mantenga a un tipo de cambio fijo, sin ceder a las fuerzas apreciadoras que siguen a este crecimiento, a través de aumentar sus reservas de divisas internacionales, para evitar que estas no bajen su valor. De este modo, y teniendo en cuenta los volúmenes ingentes de reservas de divisas internacionales que posee, China tiene la capacidad de fijar el nivel cambiario según sus necesidades económicas, estructurales y cíclicas: si necesitan apreciar su moneda, el *renminbi,* simplemente inundarán el mercado de sus reservas de divisas, haciendo que estas pierdan valor frente al yuan. Y ello puede generar una guerra de divisas si otros países lo hacen.

Caso 5.2

¿Cómo se define una recesión económica?

De acuerdo con la versión más popular para el concepto de recesión, se suele afirmar que la economía de un país entra en recesión cuando se registran dos trimestres consecutivos de caída, siempre en términos reales, del producto interior bruto.

Ahora bien, la máxima autoridad económica estadounidense en materia de ciclos económicos (el Business Cycle Dating Committee, del National Bureau of Economic Research, el conocido NBER) rechaza este criterio de recesión económica al considerarlo, si bien necesario, no suficiente: es posible, por ejemplo, estar en recesión económica y encadenar sucesivamente trimestres con caídas y aumentos del PIB. E incluso dos trimestres consecutivos de caída de la producción, que podría ser debida a factores exógenos a muy corto plazo, podrían no ser suficientes para decretar dicho estado recesivo si la economía se recuperase con prontitud, una vez desaparecidas las causas externas antes citadas.

Las recesiones económicas son muy difíciles de predecir. Es por causa de esta dificultad de previsión que el NBER define la recesión económica como «un significativo declive de la actividad del conjunto de la economía, prolongada en un período superior a unos pocos meses, visible y observable tanto en la evolución de la producción industrial como en la del paro, la renta real y las ventas al por mayor y al detalle».

Así, por ejemplo, en 2002, muchos economistas decretaron una recesión económica para la economía alemana, al registrar el PIB germano una caída del 0,1 %; ahora bien, con estas leves disminuciones, difícilmente el NBER hubiera decretado un estado de recesión para la economía que aportaba casi un tercio del PIB de la Unión Europea.

En cambio, en el mismo período, y de acuerdo con la definición del NBER, países emergentes como Corea del Sur estarían padeciendo una recesión económica: a pesar de que registraron una tasa de crecimiento positiva del PIB del 1,8 %, ya que si se compara dicha tasa con el 6 % de incremento registrado (como media) en los diez años anteriores, se observa una intensa desaceleración de la actividad, de acuerdo con las diversas variables reales antes citadas.

Pero, si es difícil predecir cuándo se entra en recesión, todavía es más difícil entrever cuándo se va a salir. Es entonces cuando hay que tener en cuenta las diferentes

Recursos en internet

- **Simiocracia**
  Seis minutos de humor animado, a cargo de Aleix Saló, para entender la crisis de 2008 y sus consecuencias, con críticas a la política económica que se aplicó para salir de la recesión... en clave irónica.

  Disponible en: https://www.youtube.com/watch?v=I2b9UFtrKRg

- **Artículo IM: «De la Gran Recesión a la actualidad: los errores de la política monetaria y fiscal»**
  Interesante colaboración firmada por Ricard Murillo Gili, publicada dentro del dossier «10 años desde Lehman Brothers: lecciones de una crisis», en *Informe Mensual* de CaixaBank Research (IM10, n.° 427, octubre 2018).

  Disponible en: https://www.caixabankresearch.com/de-la-gran-recesion-la-actualidad-los-errores-de-la-politica-monetaria-y-fiscal

- **Bancos centrales**
  El **Banco de España** (www.bde.es) es el supervisor del sistema bancario español junto al **Banco Central Europeo** (www.ecb.int). En ambas webs podemos consultar diversas publicaciones, como boletines e informes económicos, así como estadísticas sobre liquidez al sistema bancario o control de las tasas de interés en España o en la eurozona, respectivamente.

  Todos los países del mundo cuentan con un banco central nacional, que es el instrumento que regula la moneda y el crédito, y supervisa el funcionamiento y la solvencia del sistema financiero. En el portal de la escuela de negocios INCAE se facilita una lista de enlaces a los bancos centrales de México, América Central y del Sur: https://conocimiento.incae.edu/ES/biblioteca/sistema-bibliotecas/sis-bancent.php

- **Organismos de estadística**
  El **Instituto Nacional de Estadística** (www.ine.es) proporciona datos estadísticos sobre la economía española, mientras que **Eurostat** (https://ec.europa.eu/eurostat/) es la oficina de estadística de la Unión Europea situada en Luxemburgo. Su objetivo es proporcionar estadísticas para Europa que permitan las comparaciones entre países y regiones.

  Para consultar los datos estadísticos y otros índices en Latinoamérica, se puede visitar el **Banco Interamericano de Desarrollo** (BID) - Inter-American Development Bank (IADB) en: https://data.iadb.org/.

políticas económicas posibles para ello: unas con medidas más de corto plazo (como la política fiscal o la monetaria) y otras más de largo plazo (como las políticas de oferta), que afectarán a la competitividad de las empresas como, por ejemplo, la mejora en infraestructuras.

Si nos detenemos en el caso del gobierno de un país de la eurozona, de las cuatro políticas analizadas en el capítulo, el Gobierno solo puede actuar sobre la política fiscal y sobre la de oferta, ya que el resto se realizan en el marco de la eurozona y por el BCE.

En este sentido, las políticas de oferta son las más efectivas ya que influyen directamente sobre la competitividad de las empresas. El resto de políticas pueden ayudar pero muchas veces no tienen efectos, por una cuestión de trampa de liquidez en la política monetaria. ¿Por qué? Cuando los tipos de interés ya son muy bajos no por bajar más el tipo de interés el empresariado invierte más. También se puede dar un efecto expulsión en la política fiscal, ya que, si más gasto implica más impuestos, es lo servido por lo comido.

Recursos web

En la web de Marge Books (www.margebooks.com) encontrarás otros recursos destinados al profesorado con ideas para trabajar el tema en clase. Son materiales didácticos gratuitos solo por registrarte.

El siguiente cuestionario o test de evaluación también permite valorar los conocimientos relacionados con el capítulo.

Cuestionario 5

1. Es falso decir que:
   a) El Estado puede intervenir en la economía.
   b) Los gobiernos siempre deciden en función del interés general.
   c) El Estado suele tener falta de eficiencia.
   d) El gobierno puede utilizar la política fiscal.

2. Es falso decir que:
   a) Los keynesianos son partidarios de la intervención del Estado en la economía.
   b) El gobierno de España puede imprimir moneda para realizar política monetaria.
   c) Una obligación del gobierno de un Estado consiste en estabilizar la economía.
   d) En un país suelen existir ciclos económicos y déficit público.

3. Es cierto que:
   a) La tasa de desempleo en España suele aumentar los meses de julio y diciembre.
   b) La política monetaria busca mejorar la productividad.
   c) Existe siempre esta regularidad en los ciclos: siete años de vacas gordas y siete años de vacas flacas.
   d) El empleo ha conseguido mantenerse en España en los últimos tiempos gracias fundamentalmente a dos actividades tradicionales, la construcción y el turismo.

4. Si el tipo de cambio pasa de 1,02 dólares por euro a 1 dólar por euro, significa que:
   a) El euro se ha depreciado respecto al dólar.
   b) El euro se ha apreciado respecto al dólar.
   c) El dólar se ha apreciado respecto al euro.
   d) Son ciertas a y c.

5. Si el tipo de cambio pasa de 1,02 dólares por euro a 1 dólar por euro, también significa que:
   a) La zona dólar gana competitividad.
   b) La eurozona mejora en competitividad.
   c) La eurozona pierde competitividad.
   d) Son ciertas a y c.

6. Una apreciación del euro respecto al yen significa que:
   a) Habrá que entregar más euros por 1 yen.
   b) Viajarán más europeos a Japón.
   c) Aumentarán las exportaciones de productos europeos.
   d) Europa se empobrece.

7. No es un objetivo de la política monetaria:
   a) Mantener un crecimiento sostenible del PIB.
   b) Controlar la inflación.
   c) Facilitar directamente crédito a las familias y a las empresas.
   d) Financiar el déficit público de los Estados miembros.

8. Ante una situación de paro elevado, el Estado:
   a) Utilizará la política fiscal.
   b) Subirá los impuestos.

c) Reducirá el gasto público.

d) Puede realizar una política monetaria restrictiva.

---

9. ¿Cuál de las siguientes medidas formaría parte de una política fiscal expansiva?:

a) Un incremento del gasto público en infraestructuras.

b) Un incremento del impuesto sobre la renta.

c) Una reducción del tipo de interés.

d) Una disminución de la prestación por desocupación.

---

10. ¿Cuál de las siguientes personas se puede beneficiar si hay una depreciación del dólar?

a) Un turista estadounidense que viaja a Europa.

b) Un importador estadounidense de vodka ruso.

c) Un exportador francés de vino a Estados Unidos.

d) Un exportador estadounidense de maíz a Europa.

---

11. La intervención del Estado en la economía no se justifica:

a) Para regular el marco de la actividad económica.

b) Corregir los fallos del mercado.

c) Para decidir qué deben consumir las familias.

d) Procurar la estabilidad macroeconómica.

---

12. Qué afirmación es cierta sobre las políticas económicas:

a) Están orientadas a suavizar las fluctuaciones excesivas de las variables macroeconómicas.

b) O son políticas fiscales o son monetarias.

c) No pueden ayudar a que la economía crezca a corto plazo.

d) Es el conjunto de decisiones, del gobierno y las Administraciones públicas, sobre los programas de ingresos y gastos públicos, con el propósito de alcanzar los objetivos en economía.

---

13. La política monetaria...

a) Consiste en controlar la cantidad de dinero de la economía, los tipos de interés y las condiciones crediticias.

b) Es un estabilizador fiscal automático.

c) Son instrumentos que ejercen mecánicamente, sin necesidad de modificación, su función anticíclica.

d) Genera la deuda pública.

---

14. Si los gastos públicos superan a los ingresos, qué puede ocurrir:

a) Habrá un déficit presupuestario que, en general, se financia emitiendo deuda pública.

b) Habrá un superávit financiero.

c) Se financia pagando deuda pública.

d) Habrá un superávit en la balanza comercial.

---

15. Cuál es la principal contribución de John Maynard Keynes a la teoría económica:

a) Aportó la idea de la especialización por ventaja absoluta.

b) Aportó la idea de la especialización por ventaja comparativa.

c) Aportó ideas de intervención pública en macroeconomía.

d) Aportó las grandes ideas de la microeconomía.

16. Qué afirmación es cierta sobre los ciclos económicos de Kondratieff:
    a) Tienen una duración entre 5 y 6 años.
    b) Tienen una duración entre 40 y 50 años.
    c) Son el resultado de la introducción de innovaciones.
    d) Con ellos, aportó las grandes ideas de la macroeconomía.

17. Una persona en paro que busca trabajo se considera parte de:
    a) Población activa.
    b) Población inactiva.
    c) Población estructural.
    d) Población estacional.

18. Un/a economista de la escuela keynesiana, qué medidas tomaría para reducir el paro:
    a) Subir los impuestos para reducir el consumo de las personas en situación de desempleo.
    b) Aumentar el gasto público.
    c) Reducir los salarios para que las empresas tengan menos costes de producción.
    d) Subir el tipo de interés.

19. Entre las políticas para reducir el paro, qué acciones se pueden emprender:
    a) Actuar sobre la actividad económica para se produzca crecimiento económico.
    b) Constituir un marco estable que permita crear empresas.
    c) Mejorar la competitividad de las empresas.
    d) Todas las anteriores son correctas.

20. Es cierto que:
    a) Los ciclos económicos se transmiten por países, vía exportaciones e importaciones.
    b) Los ciclos económicos no se transmiten.
    c) Los ciclos entre países están cada día menos sincronizados.
    d) En el siglo xxi ya no existen ciclos económicos.

21. Cuál de estas características no es propia de una política de oferta:
    a) Reducción de las contribuciones empresariales.
    b) Subvención de la contratación de trabajadores.
    c) Flexibilización del mercado laboral.
    d) Predeterminación del salario.

22. ¿Qué se define como aquellas acciones sobre la actividad económica a fin de que se produzcan reacciones que favorezcan la contratación de trabajadores?
    a) Políticas de mercado.
    b) Políticas de demanda.
    c) Políticas de oferta.
    d) Ninguna de las anteriores se corresponde con esa definición.

23. Las fluctuaciones de la economía al alza y a la baja a lo largo del tiempo se denominan:
    a) Ciclos económicos.
    b) Políticas de mercado.
    c) Políticas de demanda.
    d) Políticas de oferta.

24. Son fases del ciclo económico:
    a) Auge.
    b) Fondo.
    c) Recuperación.
    d) Todas las anteriores son correctas.

25. Qué es el descenso del ritmo de la actividad económica:
    a) Recesión.

b) Fondo.

c) Recuperación.

d) Auge.

---

26. En el modelo keynesiano, la causa principal del paro es:

a) La insuficiencia de la demanda agregada.

b) La suficiencia de la demanda agregada.

c) La demanda agregada no influye en la tasa de desempleo.

d) La política económica.

---

27. Los precios que se deben pagar por los servicios prestados por el factor trabajo se denominan:

a) Salarios.

b) Compras.

c) Ventas.

d) Precios de oferta.

---

28. Un gobierno, por medio de una política económica acertada, puede reducir el paro. Para ello:

a) Baja los impuestos.

b) Aumenta el gasto sin subir los impuestos.

c) Mejora la educación y la investigación del país.

d) Todas (a, b y c) son medidas para reducir el desempleo.

---

29. Una de las maneras de establecer una política fiscal expansiva consiste en:

a) Aumentar el gasto público.

b) Reducir el gasto público.

c) Aumentar el tipo de interés.

d) Reducir el tipo de interés.

---

30. El consumo de un recurso sanitario como la vacuna de la gripe:

a) No tiene efectos externos.

b) Genera externalidades positivas para la sociedad.

c) Genera externalidades negativas para la sociedad.

d) Ninguna respuesta es correcta.

---

31. Se habla de equilibrio presupuestario cuando:

a) El saldo del presupuesto es 0.

b) Los gastos superan los ingresos.

c) No hay deuda pública en un país.

d) Las respuestas a y c son correctas.

 **Véanse las respuestas en la página 185.**

También se puede cumplimentar el test de autoevaluación en este enlace QR.

Capítulo 6
Comercio internacional

Para entender la existencia del comercio internacional hay que analizar las ventajas que un país puede obtener si, en vez de tratar de ser autosuficiente –fabricando en el propio país todos los bienes y servicios que demandan sus habitantes–, opta por especializarse en varios productos, para luego intercambiar los excedentes de aquellos por los restantes bienes y servicios que necesita.

Es decir, se trata de examinar si es mejor que un país trate de autoabastecerse o, por el contrario, le puede resultar más útil especializarse, por ejemplo, en producir alimento y luego intercambiar parte de estos por los artículos manufacturados que necesite.

Las teorías del comercio internacional explican las ventajas de la opción *especialización más intercambio* sobre la opción *autarquía*.

Las explicaciones clásicas del comercio internacional se basan en conocer y tomar en consideración las diferencias de bienes que poseen territorios distintos para comerciar entre sí.

Más recientemente, se ha visto que también puede obtenerse provecho de intercambios comerciales de productos parecidos, como explica la nueva teoría del comercio internacional.

En la práctica, ambas son explicaciones complementarias de los flujos comerciales mundiales.

1.1   Teorías clásicas del comercio internacional

Durante la primera mitad del siglo XIX, empieza el estudio de las ganancias derivadas del comercio internacional, así como de los factores que determinan la dirección, los flujos y la especialización de los países, y se establece, de esta forma, una relación de términos de intercambio.

Los padres de la teoría clásica del comercio internacional son Adam Smith y David Ricardo.

- **Teoría de la ventaja absoluta**

  La teoría de la ventaja absoluta la enunció Adam Smith. Según esta teoría, los territorios se especializarán en la producción de los bienes sobre los que mantienen una ventaja absoluta en términos de eficiencia productiva, respecto de sus socios comerciales, e intercambiarán dicho bien por otro en el que mantienen una desventaja absoluta.

  Esto es, supongamos un país que utiliza menos horas de trabajo para elaborar un litro de vino que otro; el primero tendrá ventaja absoluta en elaboración de vino sobre el segundo.

  Si un territorio puede fabricar un producto con un costo real menor que sus competidores, tiene *ventaja absoluta* en su producción.

Adam Smith (1723-1790).

- **Teoría de la ventaja comparativa**

  David Ricardo criticó el concepto de ventaja absoluta, e indicó que la especialización en la producción de cada país viene dada por el menor costo relativo (y no absoluto) o la mayor productividad relativa con respecto a la producción de otro país. Se ofrecen a continuación dos ejemplos prácticos por productividad y por costos (véanse cuadros: Ejemplo 1 y 2).

David Ricardo (1772-1823).

- **Ventaja comparativa y dotaciones de factores productivos**

  Otro aspecto que cabe estudiar de la ventaja comparativa hace referencia a las diferentes dotaciones de factores productivos (mano de obra, capital, recursos naturales) y de condiciones atmosféricas existentes en las distintas zonas del mundo, puesto que pueden traducirse en ventajas para obtener determinado tipo de bienes y desventajas para producir otros.

Ejemplo 1. Ventaja absoluta respecto a ventaja comparativa por productividad

Sean las posibilidades de producción de dos bienes en dos supuestos países, que denominaremos Norte y Sur:

País	Alimentos (kg)	Tejidos (m)
Norte	4	3
Sur	8	30

En esta tabla se muestra la capacidad de producción de ambos países para una cantidad dada de recursos productivos (una hora de trabajo).

Cabe destacar que Sur puede producir más de ambos productos que Norte: es dos veces más productivo en alimentos y diez veces más productivo en tejidos.

En este caso hipotético, diremos que Sur posee ventaja absoluta (es más eficiente) en la producción de todos los bienes: textil y alimentos.

Sin embargo, ¿producirá Sur todos los bienes? La respuesta es negativa, ya que Norte es comparativamente mejor (posee ventaja comparativa) en la producción de alimentos y Sur es incomparablemente mejor en la producción de tejidos.

En este marco, las diferencias en el clima, en los recursos naturales propios, en la formación de los trabajadores y trabajadoras, en el capital y en la tecnología justificarían la especialización productiva de un territorio.

La teoría o modelo de Heckscher-Ohlin afirma que las ventajas comparativas de un país se generan por la especialización en la producción en el bien en el cual se precisa el uso intensivo del factor más abundante del país.

Esta teoría aduce que, en cada territorio, el precio será relativamente bajo para el bien que utilice una cantidad relativamente mayor del factor de producción abundante en ese territorio.

Por ejemplo, Indonesia, con abundancia de mano de obra y salarios reducidos, se dedicará a producir productos que requieran mano de obra intensiva tales como tejidos y calzado. Alemania, con abundancia de capital, se dedicará a los productos de alta tecnología. Brasil, con cuantiosos recursos naturales producirá alimentos y materias primas.

Ejemplo 2. Ventaja absoluta respecto a ventaja comparativa por costos

Con los datos que nos indican las horas necesarias para producir una tonelada de pan o una tonelada de ropa, construimos la siguiente tabla:

Bienes	País A	País B
Pan	8 horas	12 horas
Ropa	9 horas	10 horas

El país A tiene una ventaja absoluta en la producción de pan y ropa, ya que utiliza menos horas de trabajo. Pero, en cambio, ¿en qué bien podemos afirmar que posee ventaja comparativa? El estudio de la situación permite comparar el costo de oportunidad comparativo pan/ropa:

	País A	País B
Pan	**8/9 = 0,88** (si se dedican a producir ropa las 8 h) Costo de oportunidad del pan en términos de ropa: 1 tonelada de pan por 0,88 toneladas de ropa	**12/10 = 1,88** (si se dedican a producir ropa las 12 h) Costo de oportunidad del pan en términos de ropa: 1 tonelada de pan por 1,2 toneladas de ropa
Ropa	**9/8 = 1,25** (si se dedican a producir ropa las 8 h) Costo de oportunidad de la ropa en términos de pan: 1 tonelada de ropa por 1,25 toneladas de ropa	**9/8 = 1,25** (si se dedican a producir ropa las 8 h) Costo de oportunidad de la ropa en términos de pan: 1 tonelada de ropa por 1,25 toneladas de ropa

Por tanto, en el país A, el pan en términos de ropa es más barato que en el país B. Al país A, que tiene una ventaja absoluta en la producción de ambos bienes, le sale más a cuenta especializarse en la producción de pan. En ropa el que tiene menor costo es B.

Además, al país A le interesa comerciar ya que el costo de importar la ropa del país B es de 0,83 toneladas de pan por 1 tonelada de ropa, mientras que, si decide optar por una vía autárquica, entonces el costo de 1 tonelada de ropa son 1,25 toneladas de pan.

Las teorías señaladas indican que los países comercian porque son diferentes entre sí en cuanto a tecnología, dotación de factores o preferencias, y, por consiguiente, pueden beneficiarse de ese comercio si cada uno produce y vende lo que sabe hacer relativamente mejor.

1.2 Nuevas teorías del comercio internacional

Las ideas que acabamos de ver en torno a la ventaja comparativa explican el denominado comercio *interindustrial* entre países diferentes y productos diferentes: es decir, cuanto más distintos sean los países, mayor comercio debería existir entre ellos.

No obstante, las estadísticas de comercio actuales revelan la presencia creciente de comercio *intraindustrial* entre territorios similares, que intercambian productos parecidos, además del comercio *intrafirma,* en el marco de las empresas multinacionales.

Esto es, en la práctica se observa que la mayor parte del comercio internacional se da entre países que tienen dotaciones iguales de factores de producción, lo cual es incompatible con el postulado clásico, según el cual el intercambio solo se da por diferencias entre dotación de factores, tecnología y preferencias en el consumo.

Por otra parte, hemos visto que la ventaja competitiva depende o bien de una mano de obra barata y numerosa, o bien de la existencia de abundantes recursos naturales. Sin embargo, países como Alemania, Suiza, Suecia, Japón y Estados Unidos han prosperado con salarios elevados y con recursos naturales muy limitados, de modo que necesitan importar la mayor parte de las materias primas. Más aún, en países como Corea del Sur, Reino Unido y Alemania, las regiones pobres en recursos naturales son las que más están prosperando.

La necesidad de explicar los flujos comerciales intraindustriales requirió la elaboración de nuevas teorías del comercio internacional. En concreto, se incorporaron tres fuentes de ganancias, complementarias a las clásicas, encaminadas a explicar las ganancias asociadas al comercio intraindustrial; es decir, economías de escala, acceso a una mayor variedad de productos y mayor dosis de competencia.

- **Economías de escala**
  Una ventaja derivada de la especialización y del intercambio internacional se refiere a las economías de escala, esto es, al hecho de que los costos medios que requiere la fabricación de un producto disminuyen a medida que aumenta la producción.

Aunque el mercado interno sea pequeño, es posible conseguir una elevada producción si se destina el excedente a las exportaciones. En tal caso, aparecerían economías de escala y los territorios afectados podrían gozar de cierta ventaja relativa en la producción de esos bienes. Es el caso del fabricante coreano Samsung que exporta teléfonos móviles a todo el mundo.

Las empresas con costos reducidos y, por consiguiente, con precios reducidos, pueden buscar ventas exteriores. Si esas ventas son posibles, es probable que se lleven a cabo nuevas investigaciones y que aumente la viabilidad de muchas innovaciones y bienes. La mayoría de los nuevos bienes tecnológicos, como los dispositivos de telefonía inteligente, han sido posibles gracias a estas economías de escala.

- **Acceso a una mayor variedad de productos**
  El acceso de las personas consumidoras a una mayor variedad de productos diferenciados –horizontalmente (marcas, denominaciones de origen o modelos de todo tipo de productos) y verticalmente (calidades y precios)–, cuando un territorio liberaliza su comercio, es recibido de forma positiva por los potenciales compradores.

- **Mayor dosis de competencia**
  Ha sido habitual en muchos territorios cerrados al comercio exterior que alguna empresa o empresas hayan tenido una posición de monopolio. La apertura al comercio permite a empresas extranjeras entrar en el mercado e introducir así competencia, con el esperado beneficio para la eficiencia económica. Es el denominado *efecto procompetitivo,* que requiere políticas de defensa de la competencia de carácter supranacional.

- **Comercio, inversión y multinacionales**
  En las economías modernas buena parte de los intercambios tienen lugar entre entidades de la misma empresa o grupo, como resultado de la facilidad de las empresas para «multinacionalizar» su actividad, bien sea ampliando sus redes comerciales, bien sea estableciendo filiales en países extranjeros para aprovechar ventajas de costos, bien sea porque se abastecen de forma creciente de proveedores extranjeros (mediante el denominado *outsourcing* internacional).

  En la medida que los procesos productivos se distribuyan en varios países se habla de «partición de la cadena de valor» o «desintegración de la producción» o «especialización vertical».

2　Libre comercio y medidas proteccionistas

Raramente se ha dado a lo largo de la historia un régimen comercial internacional sin trabas a la libre circulación de bienes y servicios.

En la actualidad, a pesar de los esfuerzos de la Organización Mundial del Comercio (OMC) para avanzar hacia el libre comercio, los países suelen limitar la entrada de mercancías procedentes del exterior.

Los países establecen barreras al comercio en forma de medidas proteccionistas. En general, estas medidas consisten en la fijación de aranceles, cuotas a la importación, licencias de importación, subvenciones, impuestos a la exportación y otras barreras no arancelarias.

2.1　Argumentos a favor del libre comercio

El libre comercio internacional permite:

- Sacar partido de las diferencias señaladas por las teorías clásicas; es decir, el aprovechar las ventajas comparativas basadas en diferencias de productividad, de dotaciones de recursos, de tecnología, etc.
- Obtener las ventajas asociadas a los nuevos enfoques del comercio internacional (aprovechamiento de economías de escala que reducen costos, acceso de los compradores a una mayor variedad de bienes, introducción de competencia en las economías nacionales que reducen precios, etc.).

2.2　Argumentos a favor del proteccionismo

Como argumentos a favor del proteccionismo se destaca que:

- Es un medio para proteger a las industrias nacientes de la competencia exterior de empresas más antiguas establecidas en otros países.

  Cuando la producción de un artículo comienza por primera vez en un país, las empresas que lo fabrican son, con frecuencia, pequeñas, carecen de economías de escala y de experiencia, y no están familiarizadas con la tecnología que utilizan. Durante esta etapa, los costos de producción son superiores a lo que serán posteriormente y las empresas pueden requerir protección temporal; de lo contrario, no pueden competir y desaparecerán.

También se pide proteccionismo para las industrias nuevas o nacientes, mientras se realizan costosos procesos de investigación y hasta que se obtienen suficientes economías de escala para reducir los costos medios.

- Es una forma de aumentar la producción, los ingresos y el empleo del país debido al efecto multiplicador de la sustitución de importaciones por producto nacional. Estos dos argumentos dieron lugar, durante dos décadas (entre los años 1930 y 1950), a las estrategias de «sustitución de importaciones» en bastantes países en desarrollo (especialmente en América Latina).
- Es conveniente proteger los sectores, actividades o industrias que generan beneficios o externalidades positivas que se extienden al conjunto del país. Estas últimas argumentaciones han dado lugar a las denominadas *políticas comerciales estratégicas,* que persiguen los mismos resultados tradicionales del proteccionismo (favorecer a las empresas nacionales en su competencia con las extranjeras) por vías indirectas y sutiles, como los subsidios a la investigación y al desarrollo. Estas ayudas suelen concederse a empresas que fabrican productos de alto valor añadido (aeronáutica, industria armamentística y aeroespacial, biomedicina, etc.).
- Existen razones culturales y sociales valiosas. Las personas pueden tener en gran estima una ocupación o una industria determinadas y pueden rechazar que desaparezcan como resultado de la competencia de las importaciones. Esta razón justifica, por ejemplo, la protección de la agricultura de la Unión Europea.
- Los aranceles son una fuente de ingresos para los gobiernos, de tal modo que se puede justificar la protección por cuestiones relativas al presupuesto del sector público. Además, las restricciones a la importación son un medio adecuado para reducir o eliminar los problemas de la balanza de pagos, ya que impiden la salida de divisas.

La biomedicina es un ejemplo de actividad que, por su carácter estratégico, suele estar fuertemente protegida por los poderes públicos.

2.3 Instrumentos proteccionistas

Los principales instrumentos de que se dotan las políticas proteccionistas de los Estados son los siguientes:

- **Aranceles**
  El arancel es un impuesto que fija el gobierno a los productos de importación para proteger los productos nacionales de la competencia internacional. Tiene

como objetivo, principalmente, constituir una barrera comercial que dificulte la entrada de un determinado producto procedente de otro país.

El efecto del arancel sobre las mercancías importadas es el de encarecer su valor con el fin de proteger a un producto nacional similar, que de otra manera se encontraría en condiciones de desventaja en el mercado.

Otro objetivo del arancel es la protección de sectores básicos de la economía, como es el caso de la producción agrícola.

También es común el uso de aranceles con la finalidad de que constituyan una importante fuente de ingresos fiscales, especialmente en pequeñas economías en desarrollo cuyo factor limitante es la escasez de recursos monetarios.

Al imponer un arancel, un país con un gran potencial económico puede revertir los términos del comercio o relación real de intercambio a su favor, con lo que aumentaría su ganancia por unidad de exportación. La *relación real de intercambio* (RRI) es el costo relativo al que intercambian bienes unos países con otros. De hecho, la RRI es el cociente entre el índice que recoja el precio medio de las exportaciones y el índice que exprese el precio medio de las importaciones.

Si la RRI aumenta, se dice que los términos del intercambio han mejorado, debido a que se requieren menos exportaciones para adquirir una unidad de importaciones. Si la RRI disminuye, ocurre lo contrario.

- **Cuotas o contingentes**
  Una cuota limita el volumen de importaciones que pueden efectuarse en un período de tiempo. Las cuotas pueden ser fijadas unilateralmente por el gobierno o establecidas de mutuo acuerdo con los países exportadores. Un ejemplo de contingente es permitir la entrada en Europa de una cuota anual de diez mil automóviles japoneses.

- **Cuotas a la exportación**
  Consiste en la fijación de una restricción cuantitativa, voluntaria o negociada, con los exportadores. Por ejemplo, los países de la OPEP reducen de mutuo acuerdo la exportación de crudo para incidir en el precio.

- **Embargos**
  Los embargos se producen sobre ciertas importaciones de productos ilegales, como las drogas, o de las exportaciones a determinados países en conflicto, como, por ejemplo, en situación de guerra.

La barrera a la importación de ciertos bienes puede estar motivada, entre otras razones, por la voluntad de proteger de la competencia extranjera a sectores básicos de la economía de un país.

- **Subvenciones e incentivos a la exportación**
  Suelen concederse a los productos de exportación para que estos puedan venderse más baratos en el exterior y resulten más competitivos. Por ejemplo, las subvenciones gubernamentales directas e indirectas a las empresas de construcciones aeronáuticas que producen aviones en Europa (Airbus) y en Estados Unidos (Boeing) y que mantienen una intensa competencia.

- **Licencias de importación**
  Las licencias de importación suponen una autorización administrativa para la adquisición de determinados bienes producidos en el exterior. Esta medida constituye un eficaz complemento de las anteriores para lograr una mejor regulación de las importaciones.

- **Barreras no arancelarias**
  Las regulaciones administrativas también suelen representar barreras a la entrada de los productos importados. El establecimiento de determinadas normas que supongan controles sanitarios, de calidad o que preserven el medio ambiente, limita de hecho las importaciones.

- **Derechos *antidumping***
  Esta práctica ilícita, conocida como *dumping* o competencia desleal, tiene diversas variantes:

  - *Dumping* económico es el que realiza un productor de un país cuando vende un bien a los compradores externos a un precio inferior al precio que se carga a los clientes nacionales por el mismo bien.
  - *Dumping* social es el que practican países cuyos bajos costos son posibles en sistemas laborales difícilmente compatibles con la dignidad humana. Es el caso de la explotación infantil en empresas asiáticas o en multinacionales deslocalizadas.
  - *Dumping* ecológico es el que favorece a los productores de los países con una legislación medioambiental menos rigurosa. Normalmente se trata de países pobres que una empresa multinacional utiliza para evitarse costos anticontaminación.

> – La competencia desleal como práctica injusta se puede combatir aplicando
> aranceles *antidumping,* de modo que se elimine el incentivo para realizarla.

3 Balanza de pagos

Los países no solo comercian con bienes y servicios, también lo hacen con capitales. Este comercio supone la existencia de flujos monetarios que entran y salen de
los mismos, y que quedan registrados en un documento contable conocido como
balanza de pagos.

Históricamente, los principales problemas en la elaboración de la balanza de
pagos han sido técnicos, por lo que el Fondo Monetario Internacional (FMI) editó
unos manuales que permiten elaborar estados contables homogéneos y comparables
entre sí. En este sentido, la balanza de pagos, siguiendo la metodología del *Manual
de la balanza de pagos* del FMI, tiene tres epígrafes fundamentales:

* La balanza por cuenta corriente.
* La balanza por cuenta de capital.
* La balanza por cuenta financiera.

Además, dado que en todas las estadísticas económicas existen errores, aparece en
la balanza de pagos un cuarto epígrafe que recoge los errores y omisiones debidos a
que una gran cantidad de transacciones –de pequeña cuantía o de las que no se tiene
noticia, como las asociadas a actividades ilegales– no quedan registradas.

3.1 Estructura formal de la balanza de pagos

La estructura formal de la balanza de pagos se subdivide, como hemos dicho, en tres
grandes bloques: la balanza por cuenta corriente, la balanza por cuenta de capitales
y la balanza por cuenta financiera (tabla 6.1).

3.2 Balanza por cuenta corriente

La balanza por cuenta corriente recoge todas las transacciones corrientes que realizan los residentes de un país y los del resto del mundo. Es como la cuenta corriente
de una persona, en la que entra y sale dinero por diferentes motivos. En concreto,

	Ingresos	Pagos
a) Cuenta corriente 1 + 2 + 3 + 4		
1. Balanza de bienes	Exportaciones	Importaciones
2. Balanza de servicios	Exportaciones	Importaciones
3. Balanza de rentas	Recibidas	Pagadas
4. Balanza de transferencias	Recibidas	Pagadas
b) Cuenta de capital		
c) Cuenta financiera 5 + 6 + 7	Variación de pasivos	Variación de activos
5. Inversión directa		
6. Inversión de cartera		
7. Otras inversiones		
Variación de reservas de oro y divisas	↓ reservas si existe déficit	↑ reservas si existe superávit
d) Errores y omisiones		

Tabla 6.1. Estructura de la balanza de pagos

las transacciones, ingresos o pagos, quedan agrupadas en cuatro balanzas menores: la balanza de bienes, la balanza de servicios, la balanza de rentas y la balanza de transferencias.

- La balanza de *bienes,* también llamada *comercial,* registra todos los ingresos y los pagos generados por la compra o venta de mercancías; es decir, los ingresos por exportaciones de bienes y los pagos por las importaciones. En el caso de que los pagos superen a los ingresos, se producirá un *déficit comercial.*
- La balanza de *servicios* registra los ingresos y los pagos originados por la prestación de servicios entre residentes y no residentes en el país. En el caso de la economía española, la partida de esta balanza que sobresale del resto es el turismo. La suma de la balanza comercial y la de servicios se conoce como *balanza de bienes y servicios.*
- La balanza de *rentas* recoge fundamentalmente en la columna de pagos las retribuciones al trabajo y al capital de los no residentes que se efectúan en el

país y en los ingresos como contrapartida de las rentas del trabajo y del capital obtenidas por los residentes en el exterior. Por ejemplo, los salarios de directivos españoles en Estados Unidos o los intereses que recibe un español de un depósito en un banco estadounidense.

- La balanza de *transferencias* registra los ingresos y los pagos corrientes que no suponen contrapartida productiva o real a cambio. Entre ellas destacan las remesas de los emigrantes, las subvenciones corrientes por agricultura de la Unión Europea a los países miembros, las aportaciones de estos al presupuesto comunitario y las ayudas al desarrollo.

3.3   Balanza por cuenta de capital

Este segundo bloque se refiere estrictamente a las transferencias de capital unilaterales, tales como la condonación o perdón de las deudas exteriores, los fondos estructurales para el desarrollo regional y los fondos de cohesión en la Unión Europea (FEDER).

3.4   Balanza por cuenta financiera

La cuenta financiera recoge aquellas operaciones que alteran la posición deudora o acreedora del país con el resto del mundo. Registra las entradas de capital que supongan una variación de los pasivos financieros del país frente al exterior y las salidas de capital que impliquen una variación de los activos financieros del país frente al exterior en términos netos.

Las operaciones que se registran en esta cuenta se clasifican, según el tipo de inversión, en las siguientes:

- **Inversión directa.** Se refiere a la adquisición de inmuebles y a la inversión en empresas extranjeras cuando el comprador desee una presencia estable en la empresa y un elevado control en su gestión y dirección.
- **Inversión de cartera.** Es la inversión en valores negociables tales como la compra de acciones en otros países (comprar menos del 10 % de las acciones de la empresa), letras del tesoro o títulos de deuda pública.
- **Otras inversiones.** Se refiere a depósitos en el exterior de extranjeros residentes en el país y a préstamos vinculados a operaciones comerciales y financieras.

3.5   Variación de reservas

Aunque pertenece a la cuenta financiera, es una partida particular, ya que recoge el saldo de las otras cuentas. Las reservas se reducen si existe déficit en la balanza de pagos y aumentan si existe superávit.

En general, las exportaciones o entrada de capitales por inversiones, préstamos o depósitos que suministran divisas al país, se denominan *crédito.* Las importaciones o las salidas de capital, asociadas a la adquisición de activo (acciones, títulos, inmuebles, etc.) que obligan a gastar divisas, se denominan débito. La variación de reservas, por consiguiente, se produce si existe déficit o superávit.

3.6   Errores y omisiones

Esta cuenta recoge el valor de todas las operaciones no registradas realizadas con el exterior. Es un mero ajuste contable que no pertenece a ninguna de las grandes cuentas referidas anteriormente y que permite que la suma de los saldos de estas sea siempre cero.

Es decir, desde un punto de vista contable, la balanza de pagos siempre estará equilibrada, ya que en caso de déficit se añadirá a la columna de ingresos el monto en que se hayan reducido las reservas de divisas.

Al contrario, si el desequilibrio es un superávit, se agregará a la columna de pagos la cuantía en que hayan aumentado las reservas. De este modo, y sumando errores y omisiones, se garantiza que, contablemente, la suma de la columna de pagos y la de ingresos sea siempre igual.

3.7   Interpretación de la balanza de pagos

La balanza de pagos expresa el saldo de las transacciones corrientes y de capital efectuadas en el país, y refleja los excesos o defectos de los ingresos respecto a los pagos que se hayan hecho durante el período. Si se han realizado más pagos al exterior que ingresos, aquellos deben haber sido financiados necesariamente con una reducción de las reservas de oro y divisas propiedad de ese país. Por el contrario, si se produce un excedente de ingresos sobre pagos, dicho excedente pasará a incrementar las reservas.

La balanza por cuenta financiera permite ver cómo se han financiado los déficits por cuenta corriente más la cuenta de capital, o a qué se han dedicado los superávits en los años en que el país puede financiar su sector exterior. Así:

- **Necesidad de financiación exterior**

  Cuando un país tiene un *déficit* por cuenta corriente más cuenta de capital que le requiera endeudarse con el resto del mundo, se dice que tiene necesidad de financiación exterior. Esto significa que el país ha gastado más de lo que ha ingresado y ha debido recurrir al exterior para obtener los recursos corrientes que no ha generado.

- **Capacidad de financiación frente al resto del mundo**

  Cuando un país presenta *superávit,* desde ese punto de vista se dice que dispone de capacidad de financiación frente al resto del mundo.

  Así, por ejemplo, desde hace años, Estados Unidos o España tienen necesidad de financiación dado el elevado déficit en su balanza comercial. Por el contrario, China o Alemania, grandes países exportadores, disponen de alta capacidad de financiación.

.985

3.030

1.950

1.260

0.250

0.396

0.744

19   0.878

20.000   1.250

112.988   0.985   3.030

176.745   1.950

1.349.237   1.250

100.000   0.248

43.403   0.396

13.750   0.741

351.000   0.876

Análisis de casos del capítulo 6

Caso 6.1

Covid-19, comercio mundial y nuevas cadenas de valor mundiales

Las economías están cada vez más interconectadas a través de cadenas de valor mundiales. La crisis de la covid-19 ha evidenciado que si una parte del mundo se para, como sucedió en China en febrero de 2020, la cadena de valor mundial o *world supply chain* se para. Hoy día, la competitividad de una empresa no depende solo de su propia productividad, sino también de la competitividad de sus proveedores y del acceso a los productos intermedios en otros países, a servicios y a infraestructuras eficientes, lo que supone que la competitividad en la esfera de las mercancías está vinculada más estrechamente a la competitividad en el sector de los servicios y al acceso a los proveedores mundiales. Dado que una proporción considerable del comercio internacional se compone de bienes intermedios y servicios, es importante que los encargados de las políticas comerciales examinen las condiciones que facilitan el buen funcionamiento de las transacciones transfronterizas. Las medidas de facilitación del comercio que reducen los trámites y racionalizan los procedimientos aduaneros tienen un gran valor sistémico para el buen funcionamiento de las cadenas de valor regionales y mundiales. El transporte, la logística y la conectividad regional también son importantes. Y como ha evidenciado la crisis de la covid-19 la salud global es clave y es un bien público mundial.

La expansión de las cadenas de valor mundiales se ha visto favorecida por otro fenómeno de relevancia: los adelantos de las tecnologías de la información (TI). La eliminación de los aranceles en el sector de la TI ha desempeñado un papel de vital importancia para estimular la innovación, proporcionar un acceso asequible a las propias tecnologías y contribuir al funcionamiento de otros sectores de la economía.

Elementos para la reflexión

Principales rasgos nuevos del comercio internacional

El peso creciente de las redes globales de producción da lugar a nuevas realidades que refuerzan el papel de políticas para mantener abierto el comercio global. En este contexto, cabe tener como referencias la importancia de mantener un sistema comercial abierto en época de crisis, el papel de las economías emergentes y las tentaciones proteccionistas que la crisis hace aflorar. Las características principales son:

- Desaceleración del comercio internacional consecuencia principalmente del lento crecimiento de las economías avanzadas, en particular de la eurozona,

+i

Aranceles y bloques comerciales

La Comisión Europea ha creado la herramienta **Access2Markets:** http://madb.europa.eu/madb/indexPubli.htm. Se trata de la base de datos específica para los exportadores de la UE para poder encontrar, por ejemplo, el porcentaje de arancel que se aplica en Estados Unidos a las motos de más de 900 cc, fabricadas en cualquier Estado miembro de la UE. En este ejemplo se puede encontrar que en 2021 es del 2,4 % sobre el valor FOB. El término FOB *(free on board)* es el valor de los bienes puestos a bordo en el puerto de embarque.

Por su parte, el reglamento europeo **TARIC** sobre el arancel aduanero común que grava las mercancías y relativo a las políticas de la UE relativas a la importación y exportación de mercancías, pone a disposición la base de datos http://ec.europa.eu/taxation_customs/dds2/taric/measures.jsp?Lang=en&SimDate=20171010&Area=US&Taric=940430&LangDescr=en. En la misma aparece, por ejemplo, el porcentaje de arancel que aplica la UE a los sacos de dormir fabricados en Estados Unidos: un 3,70 % sobre el valor CIF punto de entrada.

El valor CIF es una abreviatura del inglés *cost insurance and freight,* o costo, seguro y flete. Es aquel valor que el vendedor aporta, cubriendo los costos que produce el transporte de la mercancía, por vía marítima al puerto de destino. El término CIF es el valor de los bienes puestos en el puerto de destino, por lo que al valor FOB se deben sumar los costos de los seguros y de los fletes.

que ha tenido repercusiones para las exportaciones de las economías emergentes y en desarrollo, en las que la contribución del comercio al crecimiento también disminuye.

- Renacimiento de la retórica proteccionista, las declaraciones a favor de políticas de sustitución de las importaciones, medidas administrativas más o menos transparentes, concesiones fiscales, subvenciones, preferencias nacionales en la contratación pública.
- Han aparecido nuevos protagonistas en el escenario mundial, como China, India, Brasil, Indonesia y muchos más.
- La aparición de nuevos protagonistas ha obrado un cambio en las pautas del comercio:

  - La participación de los países en desarrollo en las exportaciones mundiales de mercancías ha aumentado considerablemente, en unos 10 puntos porcentuales.
  - Las exportaciones de los países en desarrollo a los países desarrollados han aumentado a un ritmo más lento en comparación con las destinadas a otros países asiáticos y cuyo principal destino de exportación es ahora China y ya no Estados Unidos.

- A medida que los países en desarrollo se integran más en el comercio internacional, la importancia del comercio sur-sur aumenta con rapidez: hoy día, más de la mitad del comercio de los países en desarrollo es sur-sur. Los países en desarrollo también son ya, cada vez más, destinos principales de las exportaciones de los países menos adelantados (PMA).
- Expansión de las cadenas de producción integradas a escala mundial. Los productos ya no están «fabricados en China» o «fabricados en Japón»; ahora, cada vez más productos están «fabricados en el mundo».

Riesgos asociados a las medidas proteccionistas

En el siglo xx, las medidas proteccionistas pretendían favorecer los productos nacionales en contra de los productos extranjeros. Sin embargo, hoy día con las cadenas globales de producción, si, por ejemplo, el presidente de Estados Unidos implanta medidas proteccionistas también va a perjudicar las exportaciones de productos nacionales al afectar negativamente a la competitividad de los mismos. En el actual sistema industrial, la empresa nacional fabrica solo una pequeña parte del producto total, ya que otras partes se elaboran en otros países. Por lo tanto, muchas empresas que son exportadoras, son importadoras también, por lo que un proteccionismo que penalice las importaciones también está penalizando a las exportaciones que utilicen componentes importados.

Se trata de una evolución de la estructura de la demanda que exige que las empresas busquen para distintas fases de sus procesos de producción los mercados más eficientes en relación con los costos, de aquí la expansión de las cadenas de producción integradas a escala mundial.

Solución de diferencias comerciales

Una de las actividades básicas de la Organización Mundial del Comercio (OMC) es la solución de diferencias comerciales que puedan surgir entre sus miembros. Para ello cuenta con el Órgano de Solución de Diferencias (OSD), uno de los mecanismos de solución de diferencias internacionales más activos del mundo. Veamos algún ejemplo real de su funcionamiento.

El 23 de enero de 1995 Venezuela presentó una reclamación ante el OSD en el sentido de que Estados Unidos aplicaba normas que discriminaban contra la gasolina importada, y solicitó formalmente la celebración de consultas con dicho país. Un año después (el 29 de enero de 1996), el grupo especial encargado de examinar la diferencia emitió su informe definitivo. (Para entonces se había asociado al procedimiento Brasil, que presentó su reclamación en abril de 1995. Y el mismo grupo especial examinó ambas reclamaciones.) Estados Unidos apeló. El Órgano de Apelación elaboró su informe y el Órgano de Solución de Diferencias lo adoptó el 20 de mayo de 1996, un año y cuatro meses después de haberse presentado la primera reclamación.

A continuación, Estados Unidos y Venezuela tardaron seis meses y medio en ponerse de acuerdo sobre lo que debía hacer el Gobierno estadounidense. El plazo convenido para aplicar la solución acordada fue de 15 meses a contar de la fecha de conclusión de la apelación (del 20 de mayo de 1996 al 20 de agosto de 1997).

La diferencia surgió porque Estados Unidos aplicaba normas sobre las características químicas de la gasolina importada más rigurosas que las que aplicaba a la gasolina refinada en el país. Venezuela dijo (y después Brasil se añadiría) que no era equitativo, porque la gasolina estadounidense no tenía que cumplir las mismas normas: se infringía el principio de «trato nacional», sin que ello pudiera justificarse al amparo de las excepciones de las disposiciones normales de la OMC previstas para las medidas adoptadas por motivos de salud o conservación del medio ambiente. El grupo especial que examinó la diferencia estuvo de acuerdo con la postura de Venezuela y Brasil. El informe del examen en apelación confirmó las conclusiones del grupo especial (introdujo algunos cambios con respecto a la interpretación jurídica dada por el grupo especial). Estados Unidos acordó con Venezuela que modificaría su reglamento en un plazo de 15 meses y el 26 de agosto de 1997 comunicó al OSD que se había firmado un nuevo reglamento el 19 de agosto.

Caso 6.2
Cuarta revolución industrial

La primera Revolución Industrial (siglo XVIII con la máquina de vapor) movió la manufactura británica de los hogares a las fábricas y marcó el inicio de la organización jerárquica. Se trató de un cambio a menudo violento, como lo demostraron las famosas revueltas de los luditas en la Inglaterra de principios del siglo XIX. Para encontrar trabajo la gente se vio obligada a migrar desde las áreas rurales a los centros industriales, y durante este período surgieron los primeros movimientos sindicalistas.

La segunda revolución industrial vino de la mano de la electrificación, la producción a gran escala y las nuevas redes de transporte (tren) y comunicaciones, y creó nuevas profesiones como la ingeniería, la banca y el profesorado. En ella surgieron las clases medias, comenzando a exigir nuevas políticas sociales y un mayor papel en el gobierno.

Durante la tercera revolución industrial, los modos de producción se automatizaron más aún con la electrónica y las TIC, y muchos empleos humanos pasaron de la manufactura a los servicios. Cuando los cajeros automáticos llegaron en los años setenta, se supuso al principio que serían un desastre para el personal de banca, pero en realidad la cantidad de sucursales se elevó con el tiempo, a medida que bajaban los costos. La naturaleza del trabajo había cambiado: se volvió menos transaccional y más centrado en el servicio a la clientela.

Elementos para la reflexión

¿En qué consiste y qué efectos va a tener la cuarta revolución sobre el empleo?

La cuarta revolución industrial implica una cooperación entre diversos campos como la robótica, la nanotecnología, la realidad virtual, la impresión 3D, el internet de las cosas (IdC), la inteligencia artificial y la biología avanzada, que producirá cambios radicales en todas las disciplinas, sectores y economías, y en la manera cómo las personas, las compañías y las sociedades producen, distribuyen, consumen y desechan los bienes y servicios.

Previsiblemente, en el marco de la industria 4.0 se va a producir un efecto disruptivo sobre el empleo, por lo que habrá que adaptarse a las nuevas situaciones. Para comenzar, hay que centrarse en las habilidades, no solo en los empleos específicos que vayan a surgir o desaparecer. Los trabajadores más vulnerables a ser sustituidos por la robotización y digitalización deben ser considerados desde el punto de vista de ayudas sociales y de adaptación al nuevo entorno laboral. Requerirá una combinación de políticas de vanguardia, marcos normativos ágiles y, sobre todo, alianzas eficaces más allá de los límites de las naciones y las organizaciones.

Caso 6.3

Los nuevos flujos de comercio internacional

La expansión de las cadenas de producción integradas a escala mundial ha conllevado que los productos ya no estén fabricados en un determinado país; ahora, cada vez más productos están *hechos en el mundo*.

Entonces ¿cómo medimos adecuadamente los flujos de comercio internacional?

El valor de los artículos que llegan en los países consumidores/importadores ya no necesariamente tiene que coincidir con el valor producido por el país del último envío. Por eso las estadísticas tradicionales sobre el comercio nos presentan una imagen distorsionada de los desequilibrios comerciales entre países. La imagen sería distinta si tuviéramos en cuenta cuánto valor añadido nacional se incorpora en estas corrientes.

La fabricación mundial ha introducido una nueva dimensión en la relación entre el comercio, las inversiones, la producción industrial y el desarrollo.

Veamos un claro ejemplo. Las estadísticas consideran al iPhone como una exportación china a Estados Unidos, a pesar de que está totalmente diseñado en este último país, es propiedad de una compañía estadounidense y es fabricado con partes producidas en varios países asiáticos y europeos. China se encarga del paso final: el ensamblaje y el envío de los teléfonos inteligentes. Pascal Lamy, exdirector de la OMC, sugiere el «comercio de valor añadido» como nueva medida del comercio mundial.

Por otra parte, la internacionalización de la cadena de suministro genera enormes beneficios económicos al permitir a cada uno de los países que participan en ella especializarse en la parte o el componente en que tiene una ventaja comparativa. Asistimos al ascenso, al parecer inexorable, de países como China e India, sin poder saber el modo en que los avances tecnológicos de China afectarán a Estados Unidos.

En caso de que China registre un aumento de su productividad en el sector de las exportaciones, ambos países saldrán beneficiados. China se beneficiará del nivel de vida más alto originado por el aumento de la productividad, mientras que Estados Unidos se beneficiará de la mejora de su relación de intercambio.

Las críticas al comercio internacional con respecto a sus impactos sobre el empleo, la protección social y otros aspectos sociolaborales tienen su réplica procomercio por parte de la OMC, cuando Pascal Lamy insistía –ya en 2011– en que no se trata de un «juego de suma cero», sino de una suma positiva en que todos pueden salir ganando, en cómo aspectos reales como la evolución de la productividad o la innovación tecnológica tienen más poder explicativo, y en la necesidad de distribuir las ganancias derivadas del comercio.

Elementos para la reflexión

Intercambio de bienes frente a intercambio de factores de producción

Uno de los temas más polémicos del comercio internacional es el debate acerca de sus implicaciones sobre el empleo y la retribución de los factores de producción en los países participantes en el comercio.

Por ejemplo, en la actualidad se argumenta que el hecho de que los productos que Europa occidental (o Estados Unidos) importa, procedentes de países de mano de obra abundante y con salarios muy bajos (como China y otros países en desarrollo), supone una amenaza a las condiciones laborales y al empleo del trabajo menos cualificado en Europa occidental y Estados Unidos.

Al importarse un juguete o un electrodoméstico fabricado en Asia, por ejemplo, se está importando indirectamente el trabajo incorporado a esos bienes, que estaría compitiendo así en Europa o Estados Unidos con la mano de obra local que venía fabricando esos productos.

Ciertamente, el comercio internacional es un intercambio indirecto de los factores de producción incorporados a cada mercancía. Pero se discute cuál es el impacto

+i

La división del trabajo

Según Adam Smith, en su libro de 1776, *La riqueza de las naciones*, la división del trabajo es la base del crecimiento económico de un país ya que la división permite producir gran cantidad de bienes a un bajo costo. La división del trabajo permite la especialización de los trabajadores y países, de forma que les hace ser más eficientes, más hábiles y más productivos. Gracias a la división del trabajo, se produce un ahorro de tiempo ya que no es necesario cambiar de herramienta ni de ubicación, con el consiguiente ahorro de tiempo.

Este efecto se crea porque ni las personas ni los países son autosuficientes, ya que se especializan en una profesión y en un determinado proceso productivo. Esta especialización obliga a vender el producto de su trabajo en el mercado y con los ingresos adquieren los bienes que no disponen. Adam Smith insistió en que «el tamaño del mercado limita la posibilidad de sacar partido de la especialización» y, en consecuencia, el comercio internacional, que supone una ampliación del tamaño de mercado relevante para las empresas, permite aprovechar más a fondo las ventajas de la especialización, siendo esta una de las principales ganancias de eficiencia que permite mejorar la riqueza de las naciones.

¿Acaso esta división obliga a todas las personas y a los territorios a trabajar para los demás, es decir, crearía una interdependencia?

→ Visita www.margebooks.com donde encontrarás más elementos para reflexionar sobre estos temas.

efectivo de esa competencia sobre los mercados de trabajo de los países industrializados.

Un destacado especialista en economía laboral tituló un artículo de forma provocativa, refiriéndose a los salarios de los trabajadores menos cualificados de Estados Unidos, «¿Se fijan sus salarios en Pekín?», recogiendo la idea de que, si los artículos que fabricaban los trabajadores de una fábrica de juguetes de Pekín y los de una empresa del mundo industrializado, competían en el mercado global, también lo hacían los trabajos incorporados a cada una de esas mercancías.

Asimismo, se habla de ***dumping* social** para referirse a cómo la ausencia de derechos laborales y sindicales y de regularizaciones mínimas de las condiciones de trabajo en países en desarrollo podría estar generando una competencia desleal.

Otros también hablan de la necesidad de potenciar mecanismos de **comercio justo** que garanticen a las personas consumidoras de los países industrializados unas condiciones básicas de respeto a la dignidad humana –y ambiental– en los productos exportados por países en desarrollo.

Más recientemente, el caso de la **deslocalización** de servicios, gracias a internet, como algunos servicios de información telefónica o informática (los denominados *call centers*), o de servicios de contabilidad y gestión de empresas, han sido objeto de polémica, incluso con presiones para que el sector público estadounidense retirase contratos a empresas que efectuasen esas prácticas.

Aunque el comercio internacional tiende a igualar el precio de los factores, existen obstáculos prácticos que dificultan la igualación completa, tales como los costos de transporte, los aranceles y, sobre todo, la falta de información o conocimiento.

Recursos en internet

- **Videoteca de la OMC y #LetsTalkTrade**
  En la web de la Organización Mundial del Comercio (OMC) se ofrece una variedad de vídeos sobre temas comerciales, desde diferentes perspectivas y formatos, con entrevistas, reportajes o agenda de eventos.

  Disponible en: https://www.wto.org/spanish/res_s/webcas_s/webcas_s.htm

  Además, encontrarás otros mensajes de la OMC en redes sociales siguiendo #LetsTalkTrade.

- **Estadísticas sobre cadenas de valor mundiales**
  En el portal de la OMC también se da acceso a la base de datos sobre las cadenas de valor mundiales (CVM), así como a publicaciones, trabajos de investigación y eventos sobre la medición y el análisis del comercio en torno a estas.

  Disponible en: https://www.wto.org/spanish/res_s/statis_s/miwi_s/miwi_s.htm

- **Dossier IM: « Superempresas: un fenómeno global»**
  En la publicación periódica *Informe Mensual* de CaixaBank Research, se dedica un dossier (IM03, n.° 432, marzo 2019) a las denominadas superestrellas, unas seis mil empresas en el mundo, todas con ingresos anuales superiores a los mil millones de dólares, que suponen un tercio de la facturación global.

  Disponible en: https://www.caixabankresearch.com/es/informe-mensual/432/marzo-2019/superempresas-fenomeno-global

Recursos web

En la web de Marge Books (www.margebooks.com) encontrarás otros recursos destinados al profesorado con ideas para trabajar el tema en clase. Son materiales didácticos gratuitos solo por registrarte.

El siguiente cuestionario o test de evaluación también permite valorar los conocimientos relacionados con el capítulo.

Cuestionario 6

1. En un mundo formado por dos economías, Europa y América, una unidad de recursos produce las siguientes unidades de papel y de ordenadores:

	Toneladas de papel	Ordenadores
América	10	20
Europa	12	40

¿Cuál de las siguientes afirmaciones es correcta?:
a) América tiene ventaja comparativa en la producción de papel y ordenadores.
b) Europa tiene ventaja comparativa en la producción de papel.
c) Europa tiene ventaja comparativa en la producción de papel y de ordenadores.
d) América tiene ventaja comparativa en la producción de papel.

2. Si un territorio puede fabricar uno o más productos con un costo real menor que sus competidores:
a) Tiene ventaja absoluta en su producción.
b) Tiene ventaja comparativa en su producción.
c) Tiene economías de escala en su producción.
d) Tiene mayor relación real de intercambio.

3. Si la suma de balanza por cuenta corriente y de capital de la Unión Europea presenta saldo negativo, significa que:
a) El saldo conjunto de las balanzas por cuenta comercial y de servicios también son negativos.
b) Las entradas de divisas por cuenta comercial son inferiores a las salidas.
c) Salen más remesas de emigrantes que las que entran.
d) La Unión Europea tiene necesidad de financiación.

4. El concepto de ventaja comparativa implica que:
a) Aunque un país tenga costos relativos más altos en todos los bienes que produce, se especializará en producir el bien en el que tenga un costo relativo menor.
b) Aunque un país tenga costos más altos en todos los bienes que produce, se especializará en producir el bien en el que tenga un costo mayor.
c) Se genera la especialización en la producción en el bien en el cual se precisa el uso intensivo del factor menos abundante del país.
d) Exista más riqueza en un país.

5. La teoría o modelo de Heckscher-Ohlin afirma que:
a) Las ventajas absolutas en un país se generan por la especialización en la producción en el bien en el cual se precisa el uso intensivo del bien más abundante del país.
b) Las ventajas comparativas en un país se generan por la especialización en la producción en el bien en el cual se precisa el uso intensivo del factor menos abundante del país.
c) Las ventajas intrafirma en un país se generan por la especialización en la

producción en el bien en el cual se precisa el uso intensivo del bien más abundante del país.

d) Las ventajas comparativas en un país se generan por la especialización en la producción en el bien en el cual se precisa el uso intensivo del factor más abundante del país.

6. La idea de ventaja comparativa explica:

a) El comercio intraindustrial entre países diferentes y productos distintos.

b) El comercio interindustrial entre países diferentes y productos distintos.

c) Las economías de escala.

d) El comercio intrafirma entre países diferentes y productos distintos; es decir, cuanto más diferentes son los países, mayor comercio debería existir entre ellos.

7. Las estadísticas comerciales revelan la presencia creciente de:

a) Comercio intrafirma entre territorios similares, que intercambiaban productos parecidos.

b) Comercio interindustrial entre territorios similares, que intercambiaban productos parecidos.

c) Comercio intraindustrial entre territorios similares, que intercambiaban productos parecidos.

d) Comercio intraindustrial entre territorios diferentes, que intercambiaban productos diferentes.

8. Los países establecen barreras al comercio:

a) A través de medidas proteccionistas.

b) Por diferencias tecnológicas.

c) Por diferencias de productividad.

d) Por economías de escala.

9. Qué es la balanza de pagos:

a) Un documento contable que registra los flujos financieros, pero no los comerciales entre un país y todos los demás.

b) Un documento contable que registra todos los flujos económicos entre un país y todos los demás.

c) Un documento contable que registra todos los flujos económicos menos los financieros entre un país y todos los demás.

d) Un documento contable que registra el PIB entre un país y todos los demás.

10. La balanza financiera indica:

a) La situación acreedora o deudora de una economía.

b) Todos los flujos económicos menos los financieros entre un país y todos los demás.

c) El déficit comercial PIB entre un país y todos los demás.

b) Las reservas de oro que le quedan a un país.

11. La compra de deuda pública española por residentes extranjeros se contabiliza:

a) Dentro de la balanza de transferencias.

b) Dentro de la balanza de rentas.

c) Dentro de la balanza financiera.

d) Dentro de la balanza de capital.

12. España pagará intereses de su deuda pública a una persona titular que reside en Alemania. España contabilizará esta operación en su balanza de pagos:

a) Dentro de la balanza de transferencias.

b) Dentro de la balanza de rentas.

c) Dentro de la balanza financiera.

d) Dentro de la balanza de capital.

13. El hecho de que Estados Unidos eleve sus aranceles a la importación de bienes de equipo procedentes de la Unión Europea:
    a) Permite a Estados Unidos mejorar su relación real de intercambio de esos productos frente a la UE.
    b) No tendría ningún efecto sobre el precio de las importaciones.
    c) No tendría ningún efecto sobre la relación real de intercambio.
    d) Mejora los ingresos aduaneros en la UE.

14. Si sectores como la agricultura de la Unión Europea establecen cuotas de importación:
    a) Mejoran los ingresos de sus productores.
    b) El precio interior de la UE se reduce.
    c) Solo es posible proteger mediante el establecimiento de aranceles.
    d) Entra más producción agrícola de fuera de la UE.

15. El proceso de globalización:
    a) Ha determinado que muchas actividades económicas, que antes estaban concentradas en una región o país, tiendan a dispersarse por diversos países.
    b) Ha sido un fracaso económico.
    c) Se ha regido de acuerdo con las ventajas absolutas de cada país en cada tarea o parte del proceso productivo.
    d) Todas las partes de un proceso productivo se han centralizado hacia un solo país, que es China.

16. El comercio intraindustrial:
    a) Es el de productos diferentes entre países distintos.
    b) Se explica por diferencias tecnológicas.

c) Se explica por diferencias de productividad.
    d) Se explica por economías de escala.

17. El enfoque de Heckscher-Ohlin:
    a) Destaca el papel de las «dotaciones de los factores» como factor explicativo del comercio.
    b) Se explica por diferencias tecnológicas.
    c) Se explica por diferencias de productividad.
    d) Se explica por economías de escala.

18. Las diferencias de productividad entre países:
    a) No impiden que los países puedan participar en el comercio mundial.
    b) No impiden que los países puedan participar en el comercio mundial, especializándose según su ventaja absoluta.
    c) Dependen de las ventajas absolutas de cada país en cada tarea o parte del proceso productivo.
    d) Dependen de un proceso productivo que se ha centralizado hacia un solo país, que es China.

19. Siguiendo la teoría o modelo de Heckscher-Ohlin, qué afirmación es correcta:
    a) Un país abundante en petróleo, como China, podrá producir a un costo más bajo los productos intensivos en trabajo.
    b) Un país abundante en capital, como Estados Unidos, exportará agricultura intensiva en trabajo.
    c) Un país abundante en trabajo, como China, podrá producir a un costo más bajo los productos intensivos en trabajo.
    d) La economía de escala explica la ventaja comparativa.

20. Una de las virtudes de las teorías de la ventaja comparativa y de Heckscher-Ohlin es la de explicar:
    a) Hechos como, por ejemplo, que la Unión Europea sea exportadora e importadora de automóviles, lo que se denomina comercio intraindustrial, que es el patrón de comercio que predicen estas teorías.
    b) Un patrón de comercio interindustrial, consistente en la exportación de bienes diferentes a los que se importa.

21. El libre comercio permite:
    a) El aprovechamiento de economías de escala.
    b) Mayores costos de oportunidad.
    c) Provoca una estructura de mercado de monopolios.
    d) Mayores costos.

22. Cuál de las siguientes sub-balanzas no pertenece a la balanza financiera:
    a) Inversiones de cartera.
    b) Inversiones directas.
    c) Otras Inversiones como préstamos por operaciones comerciales.
    d) Rentas.

23. Si el saldo de la balanza comercial es positivo, indica que hay:
    a) Beneficio.
    b) Pérdidas.
    c) Superávit.
    d) Déficit.

24. La balanza por cuenta corriente está formada por:
    a) Comercial, servicios, rentas y transferencias corrientes.
    b) Venta de bienes, servicios y otras transferencias.
    c) Comercial y servicios.
    d) Inversiones de cartera y directas.

25. El comercio interindustrial está ligado con:
    a) La economía de escala.
    b) La ventaja absoluta.
    c) La ventaja comparativa.
    d) La variedad de productos.

26. ¿Qué implica la economía de escala?
    a) Una reducción de costo unitario.
    b) Mayores costos de oportunidad.
    c) Provoca una estructura de mercado de competencia perfecta.
    d) Mayores costos.

27. Un acuerdo de autolimitación como el de la OPEP:
    a) Es una medida cuantitativa adoptada por el exportador.
    b) Es una medida arancelaria adoptada por el exportador.
    c) Es una medida cuantitativa adoptada por el importador.
    d) Es una medida arancelaria adoptada por el importador.

28. Si aumenta la renta del resto del mundo es probable que en España:
    a) Aumenten los ingresos por turismo.
    b) Aumenten las ventas al exterior.
    c) Aumenten las importaciones.
    d) Son ciertas a y b.

29. ¿Cuál de las siguientes partidas no forma parte de la balanza por cuenta corriente?
    a) Los ingresos por turismo.
    b) El pago de intereses de la deuda exterior.

c) La compra de una empresa extranjera.

d) La venta de maquinaria al exterior.

---

30. El saldo de la balanza de pagos siempre coincide con:

    a) El de la balanza por cuenta corriente.

    b) El de la balanza por cuenta financiera.

    c) La variación neta de reservas.

    d) El de la balanza por cuenta de capital.

---

31. El déficit comercial de un país refleja:

    a) Que se importa más cantidad de bienes que los que se exportan.

    b) Que se exporta más cantidad de bienes que los que se importan.

    c) Un mayor valor de las exportaciones de bienes sobre el valor de las importaciones de bienes.

    d) Un mayor valor de las importaciones de bienes sobre el valor de las exportaciones de bienes.

---

32. Cuál de las siguientes partidas no se incluye en la balanza por cuenta financiera:

    a) Un banco alemán le ha concedido un préstamo a una compañía española que vence en diez años.

    b) Una empresa española ha invertido 15 millones de euros en la construcción de una autopista en Egipto.

    c) La Unión Europea ha subvencionado con fondos FEDER una autovía.

    d) Perú ha recibido un crédito español para poder instalar una nueva red de telecomunicaciones.

---

33. Cuál de las siguientes partidas se incluye en la balanza por rentas de España:

    a) Un banco alemán paga intereses a una compañía española.

    b) Una empresa española ha ampliado el canal de Panamá.

---

c) La Unión Europea ha subvencionado el tren de alta velocidad entre Valencia y Barcelona.

d) Marruecos ha recibido un crédito español.

---

34. Se refiere a la adquisición de inmuebles y a la inversión en empresas extranjeras cuando el comprador quiere una presencia estable en la empresa y un elevado control por el que hace en la gestión y dirección:

    a) Inversión directa.

    b) Inversión de cartera.

    c) Inversiones en capitales en el exterior.

    d) Inversión comercial.

---

35. Es la inversión en valores negociables como ahora la compra de acciones en otros países, letras del tesoro o títulos de déficit público:

    a) Inversión directa.

    b) Inversión de cartera.

    c) Inversiones en capitales en el exterior.

    d) Inversión comercial.

---

36. Qué balanza muestra la situación acreedora o deudora de la economía de un país respecto al resto del mundo. La balanza:

    a) De reservas.

    b) Financiera.

    c) Corriente.

    d) De pagos.

---

37. La aplicación de medidas proteccionistas en agricultura por parte de la Unión Europea:

    a) Es una de las principales razones que explica el empeoramiento de la relación real de intercambio de la Unión Europea.

b) Se justifica por la agricultura que acaba de nacer.

c) Los consumidores europeos soportan la carga de la protección pagando precios más altos.

d) Los agricultores europeos pierden rentas.

---

38. La posición acreedora o deudora de un país se refleja en:

a) Los presupuestos generales del Estado.

b) El saldo de la balanza por cuenta financiera.

c) El saldo de la balanza por cuenta corriente.

d) El saldo de la balanza comercial.

39. Las teorías tradicionales del comercio internacional no explican:

a) Gran parte del comercio que se produce en Estados ricos.

b) Comercio intraindustrial.

c) Comercio de automóviles entre Francia y Alemania.

d) Comercio de aviones entre Estados Unidos y la Unión Europea.

---

40. España recibe fondos del FEDER y de la cohesión de la Unión Europea sin contraprestación. Se han contabilizado en la balanza:

a) Por cuenta de capital.

b) Por cuenta financiera.

c) Por cuenta corriente.

d) De transferencias.

 **Véanse las respuestas en la página 185.**

También se puede cumplimentar el test de autoevaluación en este enlace QR.

Bibliografía

Blanco Sánchez JM. *Economía. Teoría y práctica.* 6.ª ed. Madrid: Mc Graw Hill, 2014.

Garrell A, Guilera L. *La Industria 4.0 en la sociedad digital.* Barcelona: Marge Books, 2019.

Krugman P, Wells R, Graddy K. *Fundamentos de economía.* 3.ª ed. Barcelona: Editorial Reverté, 2015.

Mankiw NG, Taylor MP. *Economía.* Madrid: Ediciones Paraninfo, 2017.

Otros recursos

Para la elaboración de un informe de coyuntura económica, se recomiendan las siguientes fuentes estadísticas:

- Eurostat. Oficina Europea de Estadística: http://ec.europa.eu/eurostat/data/database
- Conferencia de las Naciones Unidas sobre Comercio y Desarrollo (UNCTAD) – datos sobre flujos de inversión extranjera directa, comercio internacional, etc.: http://unctad.org/en/Pages/Statistics.aspx
- IMFDataMapper – indicadores económicos clave: https://www.imf.org/external/datamapper/datasets
- Fondo Monetario Internacional (FMI) – estadísticas financieras internacionales: http://data.imf.org/?sk=4C514D48-B6BA-49ED-8AB9-52B0C1A0179B&sId=1409151240976
- KOF Swiss Economic Institute – KOF Globalisation Index: http://globalization.kof.ethz.ch/

- Librería ICEX – Buscador de ficha país:
  https://www.icex.es/icex/es/Navegacion-zona-contacto/libreria-icex/index.html
- Comercio exterior en España:
  http://datacomex.comercio.es/
- Registro de Inversiones en España – IDE bruta y neta:
  http://datainvex.comercio.es/
- Organización para la Cooperación y el Desarrollo Económicos (OCDE). International Direct Investment Statistics Data Base – información variadísima sobre muchos aspectos económicos y sociales: http://stats.oecd.org/

Soluciones a los cuestionarios

Cuestionario 1

1c	2a	3b	4d	5d	6a	7c	8a	9b	10d	11d
12d	13a	14a	15d	16d	17a	18d	19a	20b		

Cuestionario 2

1b	2a	3c	4a	5c	6a	7b	8d	9c	10b	11a
12d	13d	14d	15d	16c	17d	18d	19b	20a		

Cuestionario 3

1c	2a	3c	4d	5d	6a	7c	8b	9a	10d	11a
12c	13d	14d	15b	16d	17a	18a	19a	20a		

Cuestionario 4

1c	2a	3a	4a	5b	6a	7d	8d	9b	10a y c	11a
12b	13b	14c	15c	16a	17a	18d	19a	20c	21b	22b
23d	24d	25a	26c	27a	28a	29b	30a	31a	32c	33c
34d	35a	36a	37a	38b	39a	40b				

Cuestionario 5

1b	2b	3d	4d	5b	6b	7d	8a	9a	10d	11c
12a	13a	14a	15c	16b	17a	18b	19d	20a	21d	22b
23a	24d	25a	26a	27a	28d	29a	302b	31a		

Cuestionario 6

1d	2a	3d	4a	5d	6b	7c	8a	9b	10a	11c
12b	13a	14a	15a	16d	17a	18a	19b	20b	21a	22d
23c	24a	25c	26a	27a	28d	29c	30c	31d	32c	33a
34a	35b	36b	37c	38b	39b	40a				

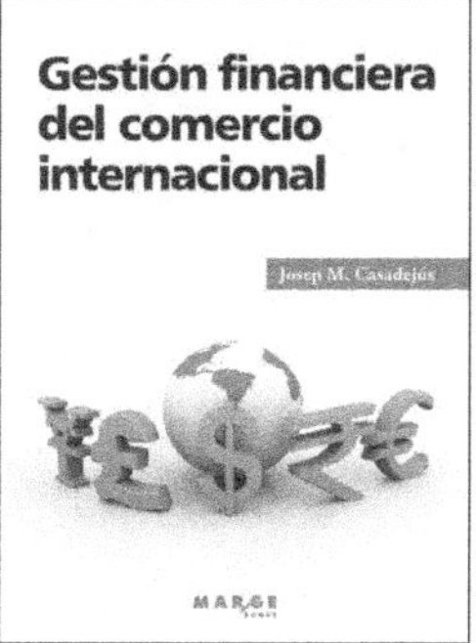

Gestión financiera del comercio internacional

Josep M. Casadejús

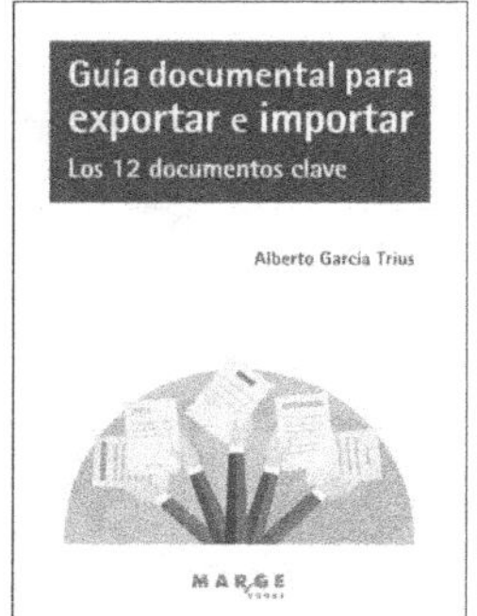

Guía documental para exportar e importar. Los 12 documentos clave

Alberto García Trius

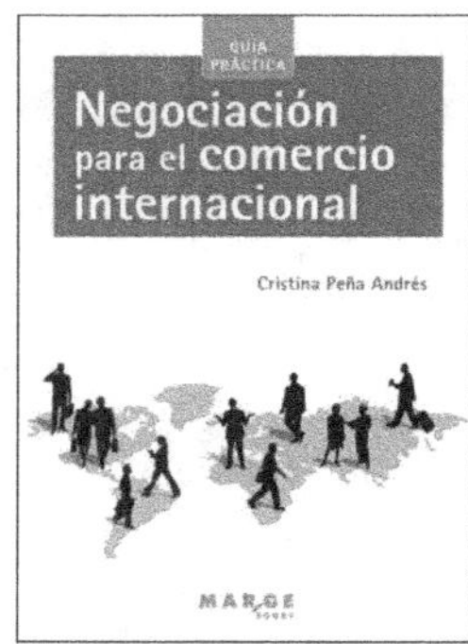

Negociación para el comercio internacional

Cristina Peña Andrés

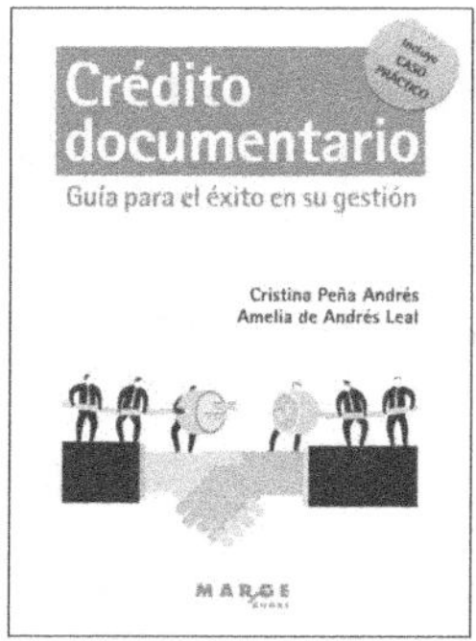

Crédito documentario. Guía para el éxito en su gestión

Cristina Peña Andrés, Amelia de Andrés Leal

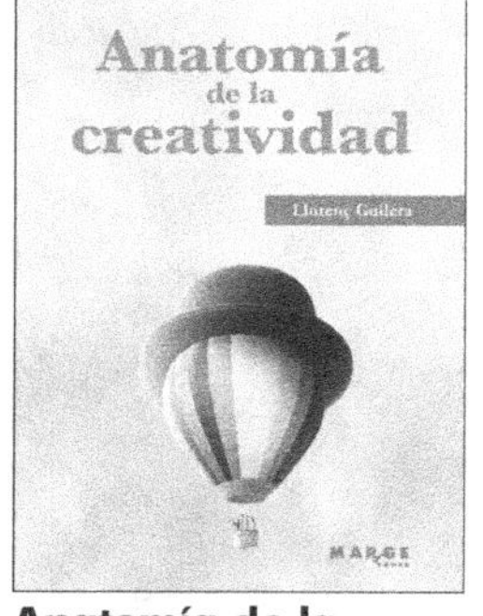

Anatomía de la creatividad

Llorenç Guilera Agüera

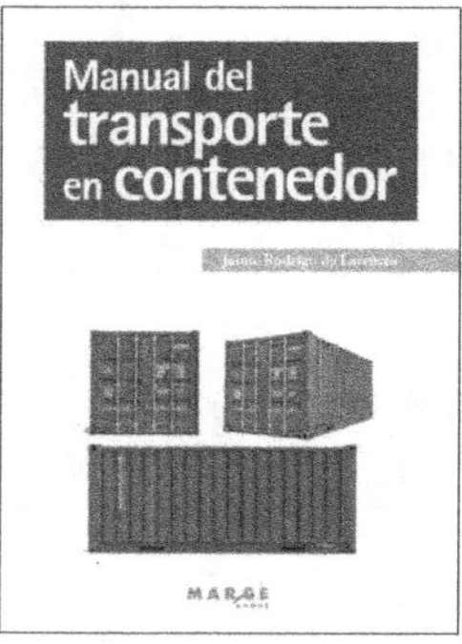

Manual del transporte en contenedor

Jaime Rodrigo de Larrucea

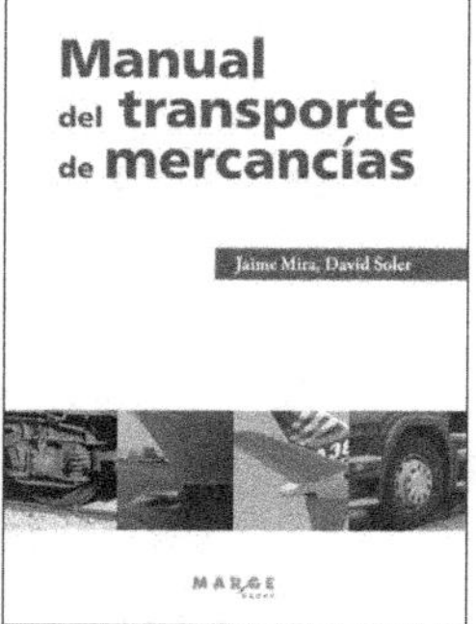

Manual del transporte de mercancías

Jaime Mira, David Soler

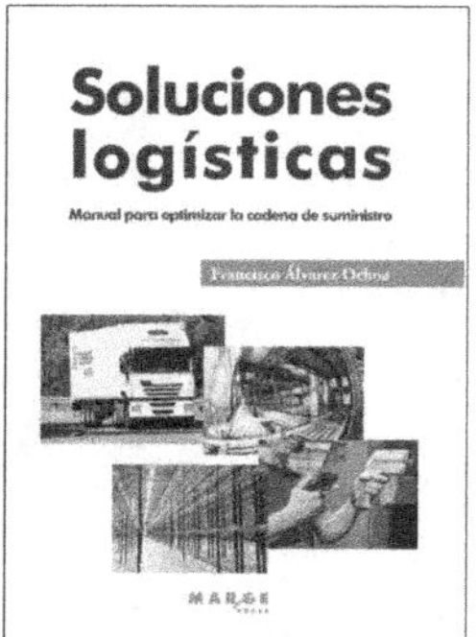

Soluciones logísticas

Francisco Álvarez Ochoa

Regímenes aduaneros económicos y procesos logísticos en el comercio internacional

Pedro Coll

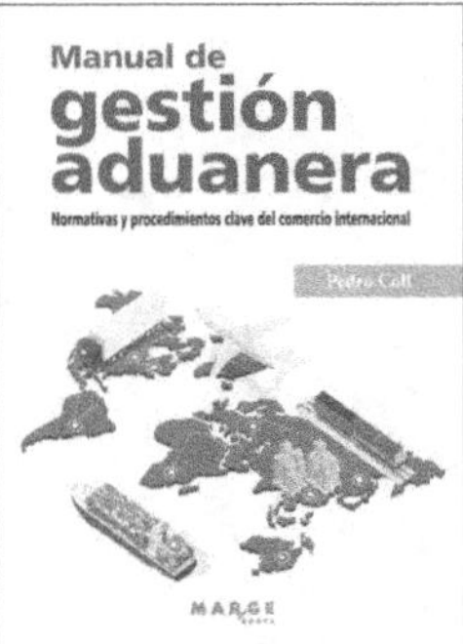

Manual de gestión aduanera. Normativas y procedimientos clave del comercio internacional

Pedro Coll

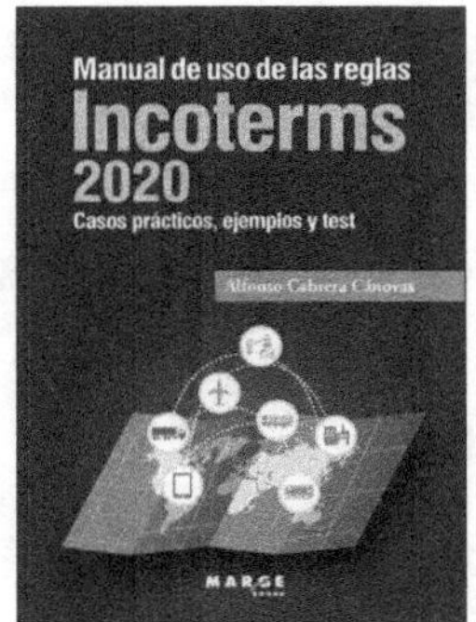

Manual de uso de las reglas Incoterms 2020

Alfonso Cabrera Cánovas

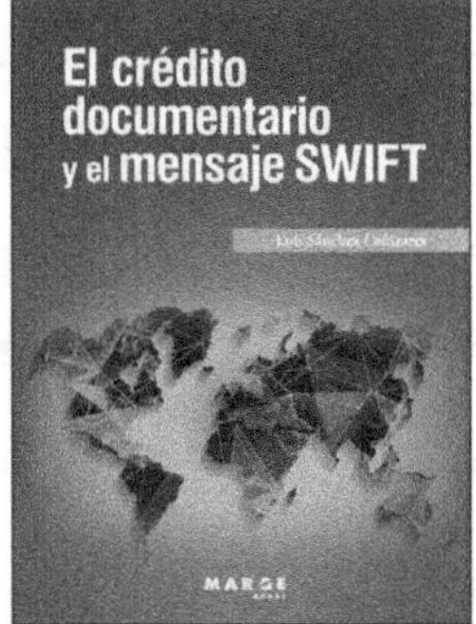

El crédito documentario y el mensaje SWIFT

Luis Sánchez Cañizares

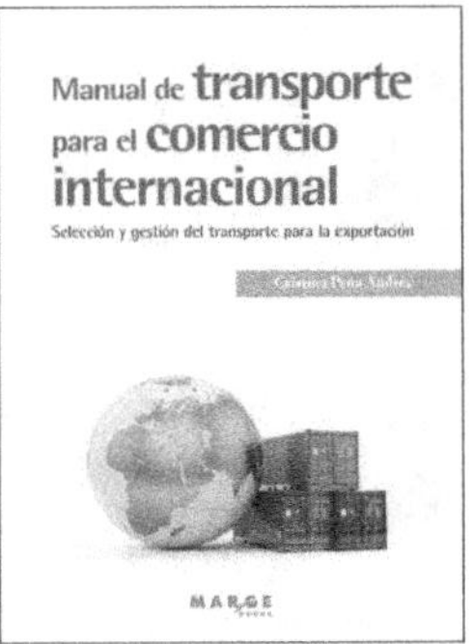

Manual de transporte para el comercio internacional

Cristina Peña Andrés

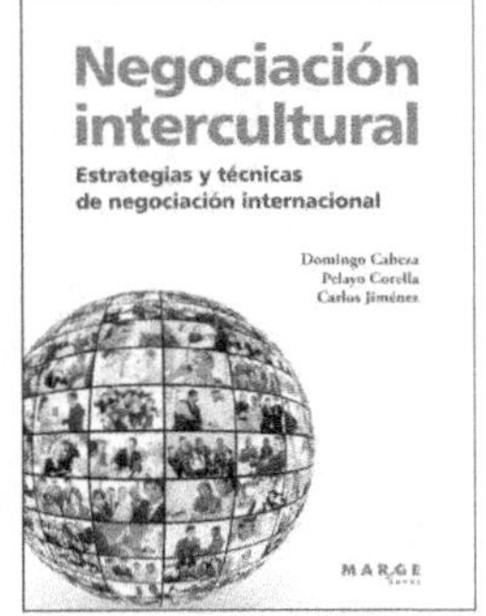

Negociación intercultural. Estrategias y técnicas de negociación internacional

Domingo Cabeza, Pelayo Corella, Carlos Jiménez

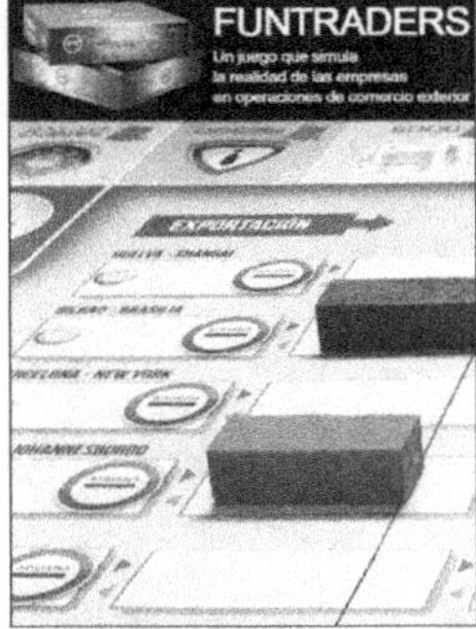

FUNTRADERS Un juego para aprender comercio internacional

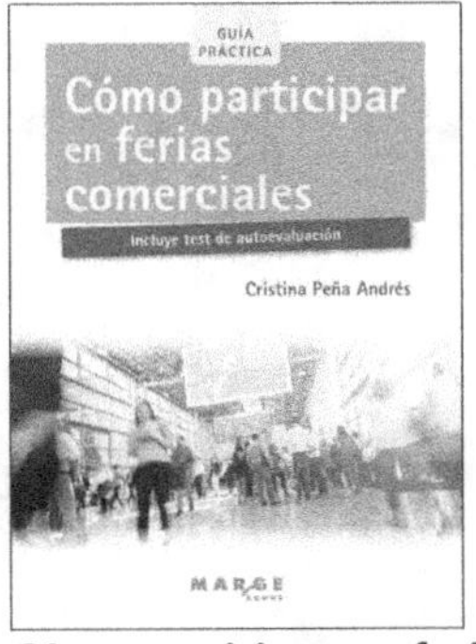

Cómo participar en ferias comerciales

Cristina Peña Andrés

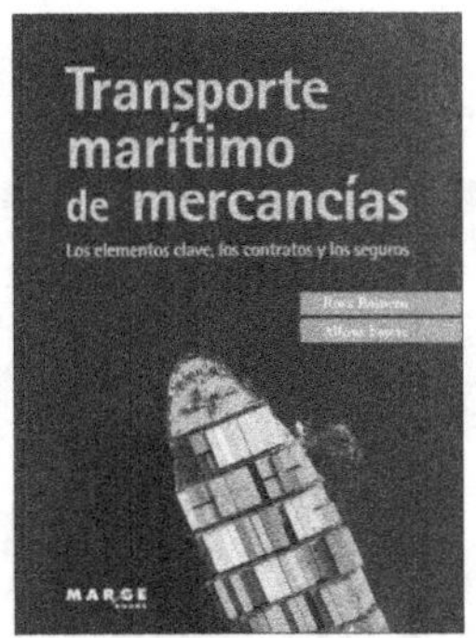

Transporte marítimo de mercancías. Los elementos clave, los contratos y los seguros

Rosa Romero, Alfons Esteve

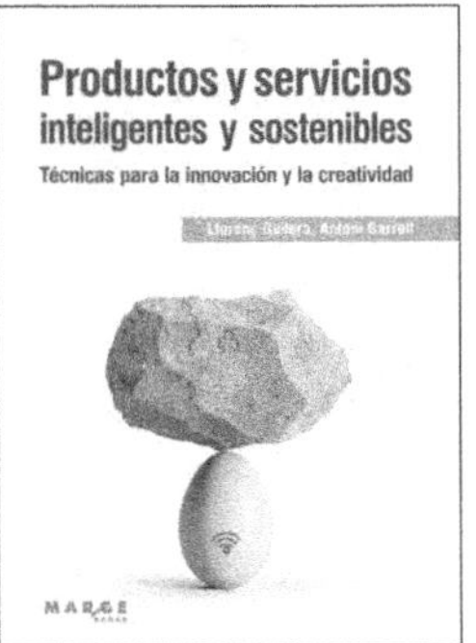

Productos y servicios inteligentes y sostenibles

Llorenç Guilera, Antoni Garrell

València, 558 – 08026 Barcelona – Tel. +34-931 429 486 – marge@margebooks.com – www.margebooks.com